MÉTHODE

POUR APPRENDRE FACILEMENT

LE

NOUVEAU PLAIN-CHANT

PAR DEMANDES ET PAR RÉPONSES

PAR

A. J. B. ANNE

Instituteur et Chantre à Marolles.

CAEN
IMPRIMERIE ET LIBRAIRIE DE E. POISSON
Rue Froide, 18

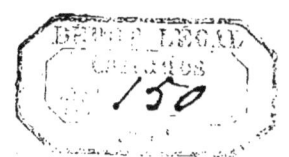

NOUVELLE MÉTHODE

DE

PLAIN-CHANT

CAEN. — IMPRIMERIE E. POISSON.

LEÇONS A MES ÉLÈVES

PAR DEMANDES ET RÉPONSES

OU

NOUVELLE MÉTHODE

POUR APPRENDRE FACILEMENT

LE NOUVEAU PLAIN-CHANT

PAR

A. J. B. ANNE

Instituteur et Chantre à Marolles.

CAEN

IMPRIMERIE ET LIBRAIRIE DE E. POISSON
Rue Froide, 18

1863
1862

Avant d'étudier les *Leçons à mes Elèves*, lisez l'Avertissement et la Table des matières.

AVERTISSEMENT.

Ne croyez pas, lecteur, trouver dans ce petit volume un ouvrage parfait, ni un traité complet de musique.

Le Plain-Chant est la seule musique que l'Église ait adoptée par la voix de ses Papes, de ses Conciles et de ses Evêques. Sa composition est soumise à des règles invariables, et n'admet aucun élément étranger. C'est pour enseigner ces règles fixes que j'ai composé les *Leçons à mes élèves* sur le Plain-Chant, et dans l'unique but d'être utile aux enfants confiés à mes soins et aux jeunes gens de bonne volonté qui désireront se livrer à l'étude de cette science que personne ne devrait ignorer aujourd'hui.

Je me suis efforcé de rendre cette *Méthode* claire, par la disposition des leçons, qui permet à l'élève de passer, d'une manière peu sensible, du connu à l'inconnu, et par l'application des règles fondamentales du Plain-Chant à tous les morceaux qui servent d'exemples. Enfin cette Méthode est aussi complète qu'il a été possible de la rendre sous le rapport pratique; car non-seulement les notions nécesssaires pour exécuter le Plain-Chant y sont exposées avec assez de détail; mais, en outre, le jeune chantre assiste en quelque sorte aux offices divins en apprenant cette *Méthode*; il peut y étudier l'ordre et la succession des morceaux qui composent les offices du matin et du soir; il peut prendre connaissance des particularités en présence desquelles il pourrait se troubler.

Le Plain-Chant est admirable dans sa composition et sa mélodie, il a des accents doux, suaves, onctueux, tristes, humbles, énergiques pour exprimer tour à tour la prière, l'espérance, l'amour, la compassion, la crainte et l'admiration. Il y a des notes pour les récits de l'histoire et les chants de triomphe.

Le Plain-Chant devrait être étudié avec un zèle égal à celui qu'on apporte dans les autres branches de l'art. Quoi de plus nécessaire, en effet ? Tous les fidèles doivent assister aux offices et chanter les louanges de Dieu, et on n'apprendrait pas le chant !....

Dans un grand nombre de paroisses, les chantres, habitués depuis longtemps aux mêmes formules mélodiques, étaient aidés par la routine et par leur mémoire. Ils chantaient sans s'inquiéter des règles. La substitution de la liturgie romaine aux liturgies particulières rend pour eux l'étude des principes du Plain-Chant obligatoire, puisque, sans cette étude, ils ne sauraient s'initier au nouveau chant.

C'était une Méthode qu'il fallait rédiger pour atteindre ce but. La voici. J'ai voulu payer le faible tribut de mes efforts à cette renaissance du nouveau Plain-Chant,

J'ai pensé d'abord à aider à la popularisation de ce chant parmi les jeunes gens de nos écoles, à le leur faire aimer en leur offrant les moyens de l'exécuter facilement, car on ne peut pas aimer ce qu'on ne connaît pas, ce qu'on ne peut exécuter.

Or, quelles doivent être les qualités d'une Méthode? Une Méthode doit être exacte, claire et complète. Pour arriver à ce résultat, j'ai parcouru avidement les nouveaux livres de Plain-Chant en usage dans le diocèse de Bayeux et Lisieux, et, toujours animé des sentiments d'être utile à la jeunesse, et surtout à celle que je dirige, je me suis résolûment mis à l'œuvre, prenant, pour ainsi dire, à tâche de former immédiatement des enfants de chœur et des chantres.

J'ai cherché à graduer l'enseignement du Plain-Chant et à le présenter sous une forme qui le mît à la portée des enfants, en divisant mes *Leçons* en trois parties principales, coordonnées et présentées de manière que la connaissance de l'une facilite l'étude de l'autre. La première contient dix-huit leçons concernant les signes ou caractères en usage dans le Plain-Chant, les gammes, etc.; la deuxième renferme dix-sept leçons et explique la vocalisation, les modes, les finales et dominantes, l'intonation, etc., etc.; et la troisième contient trente leçons, et donne la théorie du rhythme, du mouvement, et explique les différentes parties de l'office, la prononciation du latin, la psalmodie, etc., etc., etc.; en tout, 418 n°ˢ.

Avant de terminer cette petite introduction, qu'il me soit permis d'exprimer à la fois un regret et un vœu. Aujourd'hui dans nos écoles, en général bien dirigées, on néglige trop l'étude du Plain-Chant pour celle de la musique moderne. Il est à regretter que le contraire n'ait pas lieu.

Le Plain-chant est soumis à des règles fixes ; ses mélodies ont peu d'étendue, elles ont l'avantage immense de pouvoir être chantées par un grand nombre de voix à l'unisson, *elles sont éternelles comme la pensée divine qui les a inspirées et appropriées aux cérémonies sacrées du culte* (a) : de là vient qu'aujourd'hui encore nous entendons chanter dans les églises les morceaux que les chrétiens entendaient chanter à Milan et à Rome du temps de saint Ambroise et de saint Grégoire.

Pour être chantre, il n'y a aucun obstacle à vaincre, rien à appréhender ; il ne faut que du cœur, de la bonne volonté et de la persévérance.—Un bon jeune homme, âgé de dix-huit ans (b), auquel j'ai commencé à apprendre le nom des clefs et des notes il n'y a guère que deux ans, et qui maintenant exécute parfaitement, le prouve d'une manière irréfragable, mais il a été persévérant. Imitez-le.....

Il n'est personne qui ne puisse se procurer un *Graduel* et un *Antiphonaire*, assister exactement aux offices des dimanches et fêtes, entendre les fidèles chanter les mélodies du Plain-Chant et mêler sa voix à leur voix, pour se conformer aux prescriptions de l'Eglise, qui demande formellement que chacun de nous prenne part au chant de l'office divin.

Il est donc vivement à désirer que le Plain-Chant soit enseigné dans les écoles. Les enfants, tout en assistant aux offices divins,

---

(a) Paroles de M. F. Clément dans sa savante *Méthode de Plain-Chant* qui nous a fourni quelques matériaux pour celle-ci.

(b) M. Alphonse Leprestre, chantre à Marolles.

poursuivront leur éducation musicale (a). L'étude du Plain-Chant leur fournira les moyens de payer convenablement au Créateur le tribut de louanges qui lui est dû et de se conformer aux intentions de l'Eglise. C'est ainsi que cette jeune génération contribuera d'une manière efficace à la pompe du culte et à la restauration si désirable du chant liturgique.

Un grand nombre d'instituteurs ont, de vieille date, manifesté le désir de voir mes leçons de chant imprimées, et m'ont souvent demandé quelle marche je pouvais suivre pour arriver si promptement, si facilement et si sûrement à former des chantres capables, grands ou petits. Je viens donc répondre à cet appel : Je divise les élèves de chant en trois classes, suivant la force de chacun d'eux ; cette opération étant bien observée, chaque enfant trouvera son niveau, sans être jamais arrêté par les autres et sans leur nuire. La troisième classe étudie la première partie, la deuxième classe apprend la deuxième partie, et la première classe étudie et exerce la troisième partie.

Lorsque les élèves de la première classe connaissent parfaitement les trois parties qui composent ce livre (b), ils passent aux exercices des pièces contenues dans le *Processionnal*, le *Graduel* et l'*Antiphonaire*. Voilà ma méthode ! — Puisse-t-elle animer la jeunesse à chanter les louanges du Seigneur !

Recevez-la donc, chers élèves, comme le témoignage non équivoque du désir ardent que j'ai de vous être utile : étudiez-la et l'apprenez pour l'édification des peuples et la plus grande gloire de Dieu.

— Instruisez-vous et exhortez-vous les uns les autres par des *Psaumes*, des *Hymnes* et des *Cantiques*—, chantant de cœur avec édification les louanges du Seigneur. (*Epître de l'apôtre saint Paul aux Coloss.*, c. III, v. 16.)

Puisse cet ouvrage atteindre son but !

(a) Les enfants de Marolles prennent part aux offices de l'église et chantent seuls leur partie, ce qui produit un charmant effet.
(b) Une 4ᵉ partie paraîtra prochainement.

LEÇONS A MES ÉLÈVES

PAR DEMANDES ET RÉPONSES

OU

NOUVELLE MÉTHODE

POUR APPRENDRE FACILEMENT

LE NOUVEAU PLAIN-CHANT.

PREMIÈRE PARTIE.

DU CHANT EN GÉNÉRAL. — DU PLAIN-CHANT EN PARTICULIER. — DE LA SCIENCE DU PLAIN-CHANT. — DES SIGNES OU CARACTÈRES EN USAGE DANS LE PLAIN-CHANT, SAVOIR : *la Portée, les Clefs, les Notes, le Bémol* (a), *le Bécarre, les Barres* ET *le Guidon.* — DES INTERVALLES : *Secondes, Tierces, Quartes, Quintes,* ETC., ETC.

LEÇON PREMIÈRE.

DU CHANT EN GÉNÉRAL.

D. Qu'est-ce que le chant?

1.—R. Le chant, en général, est une liaison de sons (22) qui forme des tons (23) et des demi-tons (23), tant en haussant la voix qu'en la baissant, par degrés conjoints (50) et disjoints (52).

NOTA. —Les chiffres entre parenthèses renvoient aux alinéas qui portent le même numéro.

(a) Il y a encore le *dièse*, qui est inusité dans le nouveau Plain-Chant.

§ Ier

DU PLAIN-CHANT EN PARTICULIER.

D. Qu'est-ce que le Plain-Chant?

2. — R. Le Plain-Chant est le chant ecclésiastique ou de l'église.

D. Pourquoi l'appelle-t-on Plain-Chant?

3. — R. On l'appelle Plain-Chant parce qu'il marche gravement, dans ses tons et demi-tons, et d'un pas presque égal, comme sur un plan uni.

§ II

DE LA SCIENCE DU PLAIN-CHANT.

D. Quelle est la science du Plain-Chant?

4. — R. La science du Plain-Chant consiste principalement à connaître parfaitement les notes, à les solfier juste, à appliquer la lettre ou les paroles aux notes, et à savoir chanter les pièces des différents modes (74) sur la même dominante (78), ce que l'on appelle chanter à l'unisson ( ).

§ III

DES CARACTÈRES OU SIGNES EMPLOYÉS DANS LE PLAIN-CHANT.

D. Quels sont les caractères ou signes en usage dans le Plain-Chant?

5. — R. Les différents caractères ou signes employés dans le Plain-Chant, sont : la *portée* (6), les *clefs* (10), les *notes* (13), le *bémol* (31), le *bécarre* (38), les *barres* (39), et le *guidon* (46).

§ IV

DE LA PORTÉE.

D. Qu'appelle-t-on *portée*?

6. — R. On appelle *portée* l'assemblage de quatre lignes parallèles et horizontales qui se comptent de bas en haut. Ces quatre lignes sont séparées les unes des autres par trois espaces qu'on appelle *interlignes*. C'est une échelle qui offre l'avantage de renfermer dans son étendue les sept notes de la gamme (8), quelle que soit la note par laquelle on commence la série.

Exemple :

```
4e ligne.─────────────────────────────────
3e ligne. ─── 3e interligne. ─────────────
2e ligne. ─── 2e interligne. ─────────────
1re ligne. ── 1er interligne. ────────────
              1  2  3  4  5  6  7.
```

D. A quoi servent ces quatre lignes?

7. — R. Les quatre lignes et les interlignes servent, comme on le voit ci-dessus, à recevoir les notes (13), c'est-à-dire les caractères destinés à indiquer les différents sons (22), suivant leur degré d'élévation. On donne le nom de *degrés* aux différentes notes d'une gamme (8) par rapport au rang qu'elles y occupent.

§ V

DE LA GAMME.

D. Qu'appelle-t-on *gamme*?

8. — R. On appelle *gamme* les sept sons primitifs représentés par les sept notes : *Ut* ou *do, ré, mi, fa, sol, la, si,* et qu'on répète au besoin, tant en montant qu'en descendant.

D. Les lignes de la portée sont-elles toujours au nombre de quatre?

9. — R. Les lignes de la portée sont au nombre de quatre, qui peuvent être, au moyen de lignes supplémentaires, augmentées au-dessus et au-dessous, selon l'étendue de la pièce de chant, pour éviter le changement de clef.

Exemple de la portée avec lignes supplémentaires :

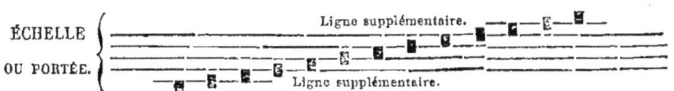

§ VI

DES CLEFS.

D. Qu'appelle-t-on *clefs* ?

10. — R. On appelle *clefs* certaines marques ou figures composées de notes obliques et mises au commencement de chaque portée pour faire connaître le nom (15) et le son (22) des notes (13).

D. Combien y a-t-il de sortes de *clefs* ?

11. — R. Il y a deux espèces de *clefs* dans le Plain-Chant : la clef d'ut composée de deux notes l'une sur l'autre, et la clef de fa , composée de trois notes, dont l'une est adossée aux deux autres.

D. Où se placent ces clefs ?

12. — R. Les clefs se posent sur la quatrième et sur la troisième ligne de la portée (6), dans les livres du diocèse :

Clef d'ut.   Clef de fa.

§ VII

DES NOTES.

D. Qu'appelle-t-on *note* ?

13. — R. On donne le nom de *note* au signe graphique qui sert à exprimer le son (22) :

D. Combien y a-t-il de *notes* ?

14. — R. Il y a sept *notes* dans le chant, qui sont les notes de la gamme : *ut, ré, mi, fa, sol, la, si*, qui viennent de la première syllabe des six premiers vers de l'hymne de saint Jean-Baptiste, et qui sont représentées par les cinq figures (a) appelées *semi-brève, brève, double, triple* et *quadruple* (20).

(a) Quelles que soient les figures qui expriment les sons, on les nommera toujours, en solfiant, du nom des notes de la gamme : *ut, ré, mi, fa, sol, la, si*, suivant leur position dans l'échelle ou portée.

LEÇON DEUXIÈME

DU NOM DES NOTES.

D. D'où dépend le nom des notes?

15.—R. De la position des clefs dépend le nom de chaque note. Toutes les notes placées sur la même ligne que ces clefs sont des *ut*, des *fa*, d'où il est facile de trouver le nom des autres notes, qui se décomptent toujours dans cet ordre consécutif *ut, ré, mi, fa, sol, la, si, ut*, en montant, et *ut, si, la, sol, fa, mi, ré, ut*, en descendant. Elles se répètent toujours dans le même ordre, tant à l'aigu qu'au grave, selon le besoin.

Exemples :

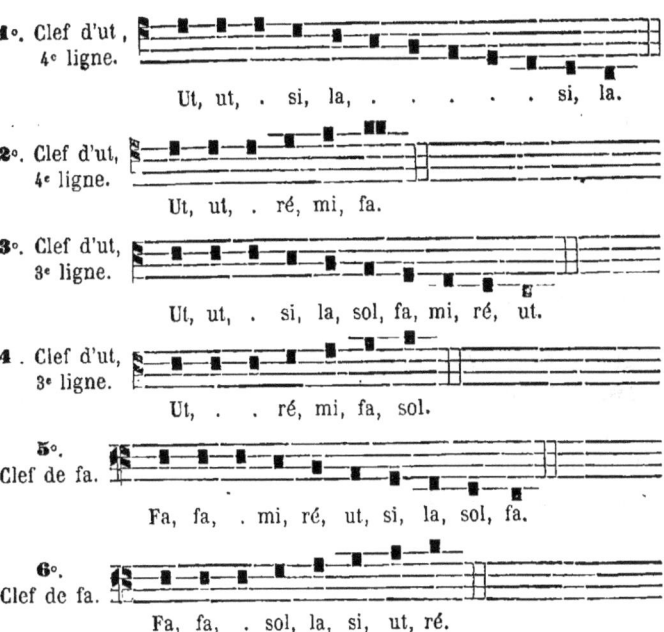

1°. Clef d'ut, 4e ligne. — Ut, ut, . si, la, ... si, la.

2°. Clef d'ut, 4e ligne. — Ut, ut, . ré, mi, fa.

3°. Clef d'ut, 3e ligne. — Ut, ut, . si, la, sol, fa, mi, ré, ut.

4 . Clef d'ut, 3e ligne. — Ut, . . ré, mi, fa, sol.

5°. Clef de fa. — Fa, fa, . mi, ré, ut, si, la, sol, fa.

6°. Clef de fa. — Fa, fa, . sol, la, si, ut, ré.

D. Que remarquez-vous dans ces exemples?

16.—R. On voit, par ces exemples, 1° que les notes se posent également sur les lignes de la portée et dans les espaces, c'est-à-dire dans les interlignes (6); 2° qu'on ajoute des lignes supplémentaires pour augmenter la portée; 3° qu'on répète les notes de la gamme, suivant l'urgence, tant au grave qu'à l'aigu, etc., etc.

§ Ier

DES INTERVALLES.

D. Qu'appelez-vous *intervalle?*

17. — R. On appelle *intervalle* l'espace qui sépare deux notes placées sur des degrés différents :

D. Combien la gamme renferme-t-elle d'*intervalles?*

18. — R. La gamme renferme *sept intervalles*, qui sont : la *seconde, la tierce, la quarte* (a), *la quinte* (b), *la sixte, la septième* (c) et *l'octave.*

Tous ces intervalles sont majeurs ou mineurs, excepté l'octave (49), qui est toujours la même.

D. Que faut-il faire pour connaître une note dont le nom n'est pas marqué?

19. — R. Lorsqu'on veut connaître une note, en quelque lieu qu'elle soit placée, il faut voir d'abord quelle est la clef, sur quelle ligne (6) elle est posée, et si la note est au-dessus de cette ligne ou au-dessous ; pour lors vous décomptez (15), en ajustant sur la ligne de la clef la note qui porte le même nom.

(a) La *quarte* doit être mineure.
(b) La *quinte* doit être majeure.
(c) La *septième* n'existe pas dans le nouveau chant du diocèse ; on n'y trouve que six intervalles différents.

Exemples :

CLEF D'UT, 4ᵉ LIGNE.

Ut, ré, mi, fa, sol, la, si, ut, ré, mi, ré, ut, si, la, sol, fa, mi, ré, ut.

CLEF D'UT, 3ᵉ LIGNE.

Mi, fa, sol, la, si, ut, ré, mi, fa, sol, fa, mi, ré, ut, si, la, sol, fa, mi.

CLEF DE FA.

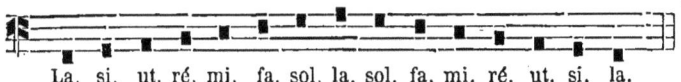

La, si, ut, ré, mi, fa, sol, la, sol, fa, mi, ré, ut, si, la.

§ II

DU NOM, DES FIGURES ET DE LA VALEUR DES NOTES.

D. Combien y a-t-il d'espèces de *notes* ?

20. — R. Dans le nouveau Plain-Chant du diocèse il y a cinq espèces de notes : la *quadruple*, encore nommée *maxime* ou *oblongue*, la *triple*, la *double*, la *carrée* ou *brève*, et la *demi-brève* ou *losange*.

Voici le nom, la figure et la valeur de chacune d'elles.

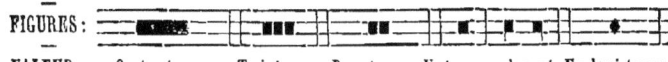

NOMS :	Oblongue ou Maxime.	Triple.	Double carrée.	Brève ou carrée.	Semi-brève.
FIGURES :					
VALEUR :	Quatre temps.	Trois temps.	Deux temps.	Un temps seulement.	Un demi-temps.

D. Combien la *maxime* (a) ou *oblongue* vaut-elle de *semi-brèves*, de *carrées* ou *brèves*, etc., etc. ?

21. — R. La *maxime* a la valeur (lorsqu'on chante en

(a) En v. t. de musique, note qui valait elle seule quatre mesures.

chœur) de huit *semi-brèves;* ou de quatre *brèves* ou *carrées;* ou de deux *doubles carrées*. Une *triple* et une *brève* équivalent à la note *oblongue* ou *quadruple* (a).

Exemple :

LEÇON TROISIÈME.

DU SON ET DU TON DES NOTES.

D. Qu'est-ce qu'un *son* ?

22. — R. On appelle *son* en général tout ce que l'oreille entend ; une simple émission de voix produit un *son*.

D. Qu'appelez-vous *ton* et *demi-ton* ?

23. — R. Les mots *ton* et *demi-ton*, dans leur acception véritable, signifient la distance qu'il y a entre deux notes qui se suivent consécutivement dans l'échelle ou portée (6), selon que cette distance est plus ou moins grande (*b*).

D. Une note seule a-t-elle un ton ?

24. — R. Une note seule ne renferme ni ton ni demi-ton ; ce n'est qu'un son ; il faut deux notes pour faire un ton ou un demi-ton, car, comme on vient de le dire, un ton ou un demi-ton n'est autre chose que la distance d'une note à une autre note la plus rapprochée dans l'échelle, comme de l'*ut* au *ré*, du *ré* au *mi*, du *mi* au *fa*, etc.

(*a*) Prononcez kouadruple.
(*b*) Le mot ton est encore pris pour voix ou degré d'élévation : Prenez à mon ton, c'est-à-dire prenez le son de ma voix, ou prenez à ma voix.

D. La même distance ou différence n'existe donc pas entre toutes les notes de la gamme (8)?

25.—R. La distance entre une note et celle qui doit la suivre immédiatement dans l'ordre de la portée renferme des tons ou des demi-tons; suivant la position de chacune d'elles.

D. Eclaircissez cette réponse par un exemple?

26. — R. Il faut s'appliquer à se faire une juste idée des notes; par exemple : entre *ut* et *ré* il y a un ton; entre *ré* et *mi*, un ton; *mi-fa*, n'est qu'un demi-ton; *fa-sol*, un ton; *sol-la*, un ton; *la-si*, un ton; du *si* à l'*ut* pour recommencer l'octave (49-59), il n'y a qu'un demi-ton.

Exemple :

Ton.   Ton.   Demi-ton.   Ton.   Ton.   Ton.   Demi-ton.

D. Que faut-il faire lorsqu'on a appris le nom des notes et qu'on sait où sont les tons et les demi-tons?

27. — R. Lorsqu'on connaît le nom des notes (13), qu'on sait où sont les tons et les demi-tons (23) dans une octave (49-59), il faut les entonner juste, c'est-à-dire donner à chaque note le son qu'elle doit avoir, au moyen du solfége.

LEÇON QUATRIÈME.

DU SOLFÉGE.

D. Qu'est-ce que le *solfége*?

28. — R. Le *solfége* est l'assemblage des notes et l'étude de cet assemblage; il faut connaître la gamme, les accidents qu'elle peut rencontrer et les intervalles (17-18) avant de bien solfier.

D. Qu'appelez-vous *solfier*?

29.—R. On appelle *solfier*, chanter en prononçant les notes avec le son qui leur convient, observant scrupuleusement la

— 10 —

position naturelle et accidentelle des tons et des demi-tons qui se rencontrent dans les pièces que l'on chante.

§ Ier

DES ACCIDENTS.

D. Quels sont les accidents qu'on peut rencontrer dans le chant?

30. — R. Il se rencontre souvent dans le Plain-Chant deux différents signes, dont l'un s'appelle *bémol* et l'autre *bécarre*.

Exemple :

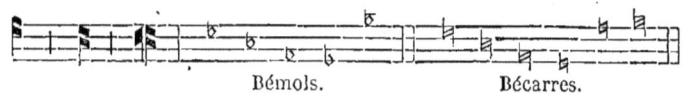

Bémols.   Bécarres.

§ II

DU BÉMOL :

D. Qu'est-ce que le *bémol*?

31. — R. Le *bémol* est un signe ou caractère qu'on met devant une note pour la baisser d'un demi-ton, et qui, dans le Plain-Chant, se trouve avant le *si* et le *mi*.

D. Combien y a-t-il de sortes de *bémols*?

32. — R. Il y a deux sortes de *bémols*, représentés par le même signe, l'un *continuel* ou *naturel*, et l'autre *accidentel*.

D. Où se place le *bémol continuel*?

33. — R. Le *bémol naturel* ou *continuel* est placé au commencement de la portée, près de la clef, et il influe sur toutes les notes qui se rencontrent sur la même ligne ou dans les interlignes où il se trouve.

D. Qu'est-ce que le *bémol accidentel*?

34. — R. Le *bémol accidentel* est celui qui se rencontre çà et là dans le cours d'une pièce de chant ; il n'influe que sur la note, ou le groupe de notes d'un neume se trouvant immédiatement après lui.

D. Quel est en résumé l'effet du *bémol*?

35. — R. L'effet du *bémol* est de baisser la note d'un demi-ton, pour l'adoucir ou pour éviter le *triton*, c'est-à-dire trois tons pleins, comme *fa, sol, la, si : fa-si*, en montant, et *si, la, sol, fa : si-fa*, en descendant.

D. Le *bémol* ne se place-t-il qu'avant le *si* et le *mi* ?

36. — R. Le *bémol* ne se place dans le Plain-Chant qu'avant le *si* et le *mi*, qu'on prononce alors *za* et *ma*, pour la plus grande facilité des commençants. Dans ce cas, il n'y a qu'un demi-ton du *la* au *si bémol* ou *za*, et du *ré* au *mi bémol* ou *ma*, tandis qu'il se trouve un ton plein entre le *si bémol* et l'*ut*, et entre le *mi bémol* et le *fa*.

Exemple :

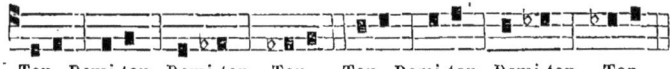

Ton. Demi-ton. Demi-ton. Ton.   Ton. Demi-ton. Demi-ton. Ton.

Le *mi bémol* se rencontre rarement dans le chant romain.

Il y a encore un autre caractère appelé *dièse*, qui est inusité dans le Plain-Chant du diocèse, mais indispensable aux instrumentistes pour transposer les pièces de chant qu'ils accompagnent ; c'est pourquoi nous en dirons un mot.

§ III

DU DIÈSE :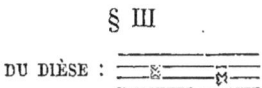

D. Qu'est-ce que le *dièse*?

37. — R. Le *dièse* est un signe qui, placé avant une note, le plus ordinairement pour l'adoucir, la fait hausser d'un demi-ton ; il opère donc en sens contraire du *bémol*. L'usage du *bémol* et du *dièse* nécessite dans le chant l'emploi d'un autre caractère appelé *bécarre*.

§ IV

DU BÉCARRE :

D. Qu'est-ce que le *bécarre* et quelle est son utilité?

38.—R. Le *bécarre* est un signe ou caractère qui fait cesser l'action du *bémol* et du *dièse* en remettant la note ou les notes dans leur son ou ton naturel.

Exemple :

Za. si. ma. mi.

LEÇON CINQUIÈME.

DES BARRES.

D. Qu'appelle-t-on *barre* ?

39. — R. La *barre* employée dans le Plain-Chant est une ligne perpendiculaire qui coupe verticalement en partie ou en totalité les lignes horizontales de la portée.

D. Combien y a-t-il de sortes de *barres* ?

40. — R. Il y a trois sortes de *barres* dans le Plain-Chant : les *petites*, les *grandes* et les *doubles*.

D. A quoi servent les *petites barres* ?

41. — R. Les *petites barres*, ou *barres de respiration*, indiquent les endroits où l'on doit respirer en chantant, afin de ne pas se fatiguer et de mieux faire ressortir le sens des expressions.

D. Quelle est l'utilité des *grandes barres*?

42. — R. Les *grandes barres*, appelées *barres de repos*, servent à marquer les membres de phrases, les périodes de chant et le long repos qu'on y doit faire ; et dans les hymnes et les proses elles marquent la fin du mètre, pour partager les vers de chaque strophe. La *grande barre* est encore mise pour séparer les notes (d'une pièce de chant) de la *dominante* qui se trouve toujours au commencement de chaque pièce, auprès de la clef.

D. Les chantres doivent-ils respirer simultanément en exécutant un morceau de chant ?

43. — R. Tous les chantres doivent respirer ensemble à chaque *barre*, sans diminuer la valeur de la note qui précède.

§ Ier

DES PAUSES.

D. Quelle est la *pause* qu'il faut faire à chaque *barre* ?

44. — R. On doit s'arrêter aux *petites barres* le temps nécessaire pour respirer ; mais aux *grandes barres* on doit faire une pause plus longue, et proportionnée à la ponctuation des phrases (*a*). Il ne faut jamais respirer entre deux *barres*.

De l'observation rigoureuse de ces règles dépend la bonne harmonie de notre Plain-Chant.

Sans l'observation scrupuleuse de ces principes, il n'y a plus de charme dans le chant, ce n'est plus qu'un galimatias, une cacophonie.

D. Où se placent les *doubles barres* ?

45. — R. Les *doubles barres* se placent à la fin de chaque pièce de chant, et pour diviser les réclames et les versets qui se chantent alternativement par plusieurs chantres ; enfin, pour séparer l'intonation du corps de la mélodie. Ce n'est pas toujours un signe de repos.

Voici les barres employées dans le Plain-Chant :

Petites barres.   Grande barre.   Double barre.

(*a*) La *virgule* indique le plus petit repos ; le *point-virgule* indique un repos plus long ; les *deux points* indiquent un repos encore plus long ; enfin le *point* indique le plus grand des repos.

§ II
DU GUIDON.

D. Qu'est-ce que le *guidon*?

46. — R. Le *guidon* n'est qu'une demi note placée à la fin de la portée pour annoncer par quelle note doit commencer la portée suivante. Ce guidon ne se chante point.

LEÇON SIXIÈME (a).
DU CHANT DES NOTES.

D. Que faut-il faire pour bien apprendre à *chanter les notes*?

47. — R. Pour bien apprendre à *chanter les notes*, c'est-à-dire à *solfier* (29), il faut s'appliquer à régler sa voix sur celle du maître, nommer les notes en les chantant, et observer exactement les *tons* et les *demi-tons* (23). Il ne faut s'exercer que successivement sur chaque clef.

Gamme-octave, ou avec l'*ut* répété.

CLEF D'UT, 4ᵉ LIGNE.

Gamme montante.   Gamme descendante.

1/2 ton.   1/2 ton.   1/2 ton.   1/2 ton.

Ut, ré, mi, fa, sol, la, si, ut;   Ut, si, la, sol, fa, mi, ré, ut.

D. La voix met-elle la même distance entre chaque note en montant et en descendant la *gamme*?

48. — R. Non, M.; la distance entre le *mi* et le *fa*, et le *si* et l'*ut*, est plus petite de presque moitié (b) que celle entre les

---

(a) On ne commence qu'à cette leçon à faire chanter les élèves; ils doivent aller très-lentement.

(b) Je dis : presque moitié, parce que le *ton* est composé de neuf *commas* et se divise théoriquement en deux demi-tons inégaux, dont l'un comprend cinq parties, et l'autre quatre; mais c'est insensible dans la pratique, tant pour les voix que pour les instruments.

autres notes; c'est cette distance qu'on appelle *ton* ou *demi-ton*, selon qu'elle est plus ou moins grande.

Il y a *cinq tons* et *deux demi-tons* dans une *octave* (49-59).

§ Ier

GAMME PAR *bémol* SUR LE *si*, EN MONTANT ET EN DESCENDANT.

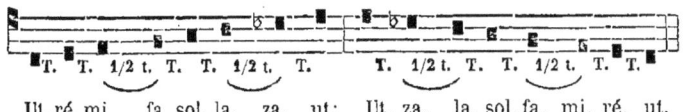

CLEF D'UT, 4e LIGNE.

D. Prouvez qu'il y a *cinq tons* et *deux demi-tons* dans une octave.

49. — R. L'*octave* (59) est composée de *cinq tons* et *deux demi-tons*, en voici l'ordre : les *cinq tons pleins* se comptent de l'*ut* au *ré* ; du *ré* au *mi* ; du *fa* au *sol* ; du *sol* au *la* et du *la* au *si* ; les *deux demi-tons* se trouvent du *mi* au *fa* et du *si* à l'*ut* ; mais dans la gamme par *bémol* sur le *si*, le *demi-ton* se trouve entre *la-za* en montant, et entre *za-la* en descendant ; et le ton plein est conséquent entre *za-ut* et *ut-za*. Donc toujours *cinq tons* et *deux demi-tons* dans une *octave* (59).

LEÇON SEPTIÈME.

DEGRÉS CONJOINTS.

D. Qu'appelez-vous *degrés conjoints* ?

50. — R. On appelle *degrés conjoints* l'intervalle (17) d'une note à l'autre ; c'est donc l'ordre de deux ou plusieurs notes qui se suivent immédiatement, comme dans les gammes précédentes et suivantes :

Gamme ascendante.   Gamme descendante.

— 16 —

PAR *bémol*.

Gamme ascendante.   Gamme descendante.

§ Ier

DES SECONDES.

D. Qu'appelez-vous *seconde*?

51. — R. On appelle *seconde* la réunion de deux notes. La *seconde* comprend donc deux *degrés conjoints*. Elle est *majeure* quand il y a un ton d'une note à l'autre, comme *ut-ré, fa-sol*; et *mineure*, s'il n'y a qu'un demi-ton, comme *mi-fa, la-za* (36).

Exemple :

SECONDES EN MONTANT ET EN DESCENDANT (*a*).

LEÇON HUITIÈME.

DEGRÉS DISJOINTS.

D. Qu'appelle-t-on *degrés disjoints*?

52. — R. On appelle *degrés disjoints* ou *séparés*, les intervalles (17) qui se trouvent entre plusieurs notes qui ne se suivent pas immédiatement.

D. Combien y a-t-il de *degrés disjoints*?

53. — R. Il y a dans le chant six *degrés disjoints* ou *séparés*, savoir : la *tierce* (54), la *quarte* (55), la *quinte* (56), la *sixte* (57), la *septième* (58), et l'*octave* (59). La *septième* ne se trouvant pas dans le nouveau Plain-Chant, il ne s'y rencontre, par conséquent, que cinq degrés disjoints.

(*a*) Deux notes placées sur la même ligne de la portée sont à l'unisson, à moins que l'une d'elles ne soit précédée d'un accident (30).

§ Ier

DES TIERCES.

D. Qu'est-ce qu'une *tierce?*

54. — R. On appelle *tierce* un espace qui renferme trois notes, ou qui contient la distance de trois notes ; il y en a de deux sortes, savoir : la *tierce majeure*, qui a deux tons pleins, comme *ut-mi*, ou *fa-la*, ou *sol-si;* et la *tierce mineure*, qui renferme un ton plein et un demi-ton, comme *ré-fa*, *mi-sol*, *sol-za*, *la-ut*. Les *tierces* sont douces et harmonieuses, et très-fréquemment employées.

Exemple:

TIERCES PLEINES, EN MONTANT ET DESCENDANT.

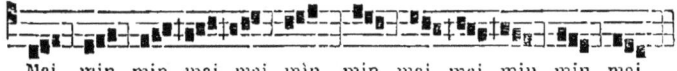

Maj. min. min. maj. maj. min. min. maj. maj. min. min. maj.

§ II

Autres exemples:

TIERCES MONTANTES, PLEINES ET VIDES.

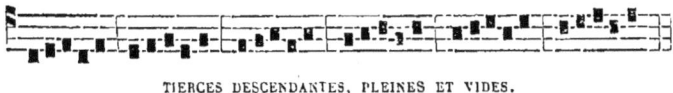

TIERCES DESCENDANTES, PLEINES ET VIDES.

LEÇON NEUVIÈME.

DES QUARTES (*a*).

D. Qu'est-ce que la *quarte?*

55. — R. La *quarte* est l'espace de quatre notes ou l'inter-

---

(*a*) Prononcez karte.

valle (17) compris entre quatre notes ; elle est *majeure* quand elle contient trois tons pleins comme *fa-si;* mais elle est vicieuse et inusitée dans le Plain-Chant à cause du *triton* (35). Les *quartes* doivent donc être *mineures*. — La *quarte* est *mineure* quand elle n'a que deux tons et un demi-ton, comme *ut-fa, mi-la, sol-ut.*

QUARTES PLEINES, EN MONTANT.

QUARTES PLEINES, EN DESCENDANT.

§ Ier

QUARTES PLEINES ET VIDES, EN MONTANT.

QUARTES PLEINES ET VIDES, EN DESCENDANT.

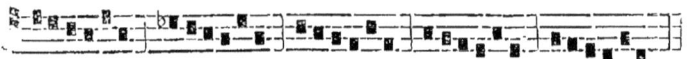

LEÇON DIXIÈME.

DES QUINTES *(a)*.

D. Qu'est-ce qu'une *quinte?*

56. — R. La *quinte* est un espace de cinq notes, comme *ut-sol*, en montant ; elle est *majeure* quand elle renferme trois tons et un demi-ton : *ut-sol, ré-la, fa-ut.* La *quinte mineure* n'a que deux tons et deux demi-tons *(b)* comme *mi-za, si-fa.* Cet intervalle est vicieux par degrés disjoints, mais les

---

(a) Prononcez kieinte.
(b) C'est le triton.

notes intermédiaires comme *mi*-sol-*za*, ou *za*-sol-*mi*, y font un bon effet. Les *quintes vides* doivent être *majeures*.

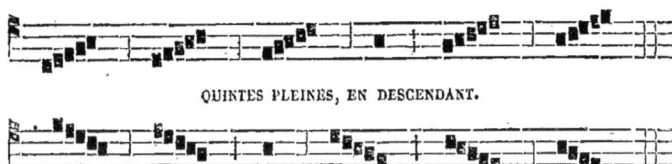

QUINTES PLEINES, EN MONTANT.

QUINTES PLEINES, EN DESCENDANT.

§ 1er

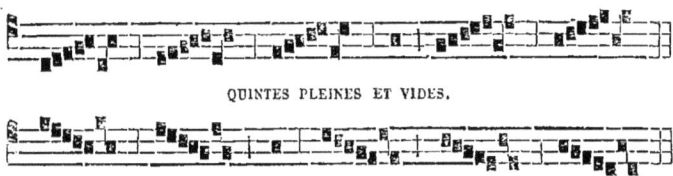

QUINTES PLEINES ET VIDES.

QUINTES PLEINES ET VIDES.

LEÇON ONZIÈME.

DES SIXTES OU SIXIÈMES.

D. Qu'appelle-t-on *sixte*?

57.—R. La *sixte* est renfermée dans l'espace de six notes ou composée de six notes, comme *ré-si*; elle est *majeure* quand elle contient quatre tons et un demi-ton : *ut-la*, en montant. La *sixte mineure* n'est composée que de trois tons et deux demi-tons, comme *mi-ut*, en montant. L'une et l'autre sont bonnes, mais se rencontrent rarement dans le Plain-Chant.

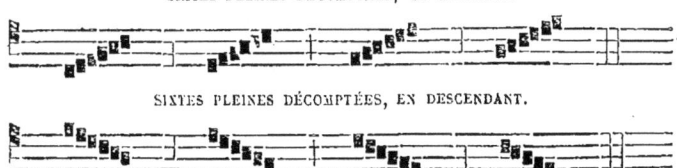

SIXTES PLEINES DÉCOMPTÉES, EN MONTANT.

SIXTES PLEINES DÉCOMPTÉES, EN DESCENDANT.

§ Ier

SIXTES PLEINES ET VIDES, EN MONTANT.

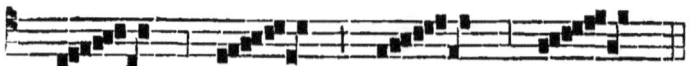

SIXTES PLEINES ET VIDES, EN DESCENDANT.

LEÇON DOUZIÈME.

DE LA SEPTIÈME.

D. Qu'est-ce que la *septième* ?

58. — R. La *septième* qui est composée de sept notes, comme *ut-si, ré-ut,* forme une chute désagréable et inusitée ; elle n'existe plus heureusement dans la strophe *Lava quod* de la prose *Veni, sancte Spiritus.* Cet intervalle ne se rencontre pas dans le Plain-Chant composé d'après les règles de l'art.

§ Ier

DE L'OCTAVE.

D. Qu'est-ce que l'*octave?*

59. — R. L'*octave* est composée de huit notes et contient, comme on l'a prouvé ci-devant (49), cinq tons (23) et deux demi-tons (23).

OCTAVES PLEINES ET VIDES, EN MONTANT ET EN DESCENDANT.

§ II

EXERCICES DES TIERCES VIDES.

QUARTES VIDES.

QUINTES VIDES.

SIXTES ET OCTAVES VIDES.

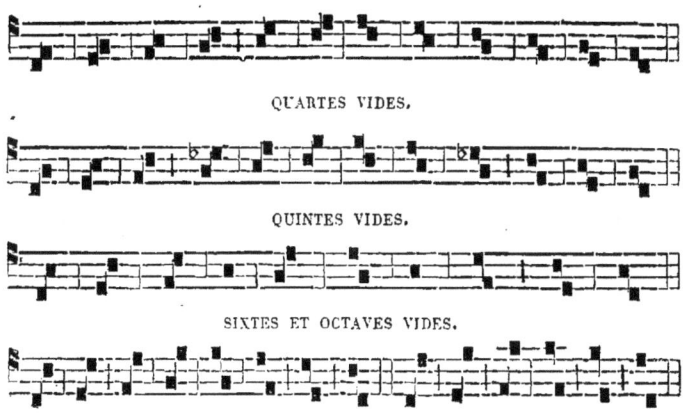

LEÇON TREIZIÈME.

TABLEAU DE RÉCAPITULATION DES INTERVALLES, TANT MAJEURS QUE MINEURS, USITÉS DANS LE PLAIN-CHANT.

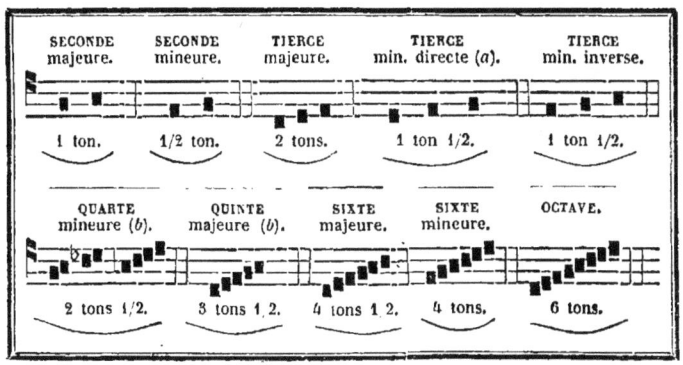

(*a*) La *tierce mineure* est directe ou inverse ; directe, quand le demi-ton est placé au-dessus du second degré ; inverse, quand il est placé au-dessous.
(*b*) La *quarte mineure* et la *quinte majeure* sont inusitées ; elles forment triton.

EXERCICES DU SOLFÉGE PAR *Tierces*, *Quartes*, *Quintes*, *Sixtes* ET *Octaves*, PAR DEGRÉS CONJOINTS ET DISJOINTS.

ABRÉGÉ DES EXERCICES CI-DESSUS (a).

2, 3, 4, 5, 6, 8.   2, 3, 4, 5, 6, 8.

TABLEAU RÉSUMANT LES INTERVALLES (17-18) EXPLIQUÉS CI-DEVANT.

8							ut
»						7	si
6					la	6	la
5				sol	sol	5	sol
4			fa	fa	fa	4	fa
3		mi	mi	mi	mi	3	mi
2	ré	ré	ré	ré	ré	2	ré
	ut	ut	ut	ut	ut	1	ut
SECONDE.	TIERCE.	QUARTE.	QUINTE.	SIXTE.	SEPTIÈME inusitée.		OCTAVE.

LEÇON QUATORZIÈME.

EXERCICE SUR LA CLEF D'*ut*, 3ᵉ LIGNE.

Octave ascendante.   Octave descendante.

Fa, sol, la, si, ut, ré, mi, fa.   Fa, mi, ré, ut, si, la, sol, fa.

(a) Quand on chantera facilement les intervalles précédents, on passera aux pièces d'exercice qui sont à la page 27 et suivantes, en continuant de solfier la même clef.

§ Ier

AUTRE OCTAVE.

EXERCICE PAR *bémol* SUR LE *si*.

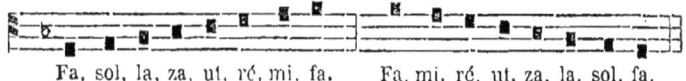

Fa, sol, la, za, ut, ré, mi, fa.   Fa, mi, ré, ut, za, la, sol, fa.

§ II

TIERCES PLEINES EN MONTANT ET EN DESCENDANT.

LEÇON QUINZIÈME.

EXERCICES D'INTERVALLES.

CLEF D'*ut* 3^e LIGNE (*a*).

LEÇON SEIZIÈME.

GAMME-OCTAVE DE LA CLEF DE *fa*.

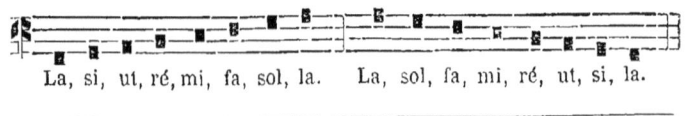

La, si, ut, ré, mi, fa, sol, la.   La, sol, fa, mi, ré, ut, si, la.

(*a*) Voyez les exercices sur cette clef, page 29, § VI et suivants.

§ Ier

TIERCES PLEINES EN MONTANT.

TIERCES PLEINES EN DESCENDANT.

§ II

TIERCES PLEINES ET VIDES EN MONTANT.

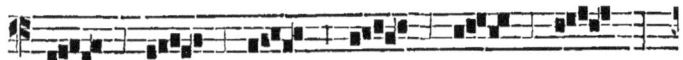

TIERCES EN DESCENDANT, AVEC si bémol.

§ III

EXERCICE (a).

LEÇON DIX-SEPTIÈME.

59 bis. — REMARQUE. — Comme nous l'avons vu ci-devant (59), la réunion de huit notes se succédant par degrés conjoints et formant cinq tons et deux demi-tons, s'appelle *gamme-octave*.

(a) Voyez les exercices de solfége, en clef de *fa*, page 30.

TABLEAU DES TONS ET DES DEMI-TONS :

Ut, ¹ ré, ¹ mi-fa, ^{1/2} sol, ¹ la, ¹ si-ut. ^{1/2}
Ton. Ton. Demi-ton. Ton. Ton. Ton. Demi-ton.

§ Ier
ÉCHELLES DIATONIQUES DES DIFFÉRENTES SORTES DE *Gammes*.

Degrés :	1	2	3	4	5	6	7	8	ORDRE DU DEGRÉ DES DEMI-TONS DES DIFFÉRENTES GAMMES :
	ut	ré	mi	fa	sol	la	si	ut	
Gamme de *si*.	si	ut	ré	mi	fa	sol	la	si	du 1er au 2e, et du 4e au 5e degré.
Gamme de *la*.	la	si	ut	ré	mi	fa	sol	la	du 2e au 3e, et du 5e au 6e. —
Gamme de *sol*.	sol	la	si	ut	ré	mi	fa	sol	du 3e au 4e, et du 6e au 7e. —
Gamme de *fa*.	fa	sol	la	si	ut	ré	mi	fa	du 4e au 5e, et du 7e au 8e. —
Gamme de *mi*.	mi	fa	sol	la	si	ut	ré	mi	du 1er au 2e, et du 5e au 6e. —
Gamme de *ré*.	ré	mi	fa	sol	la	si	ut	ré	du 2e au 3e, et du 6e au 7e. —
Gamme d'*ut*.	ut	ré	mi	fa	sol	la	si	ut	du 3e au 4e, et du 7e au 8e. —
Degrés :	1	2	3	4	5	6	7	8	

D. Par où faut-il commencer cette échelle pour avoir une *gamme* ?

60. — R. Il n'est pas nécessaire de commencer cette échelle par *ut* pour obtenir une *gamme* (8). On peut commencer par l'une des sept notes indifféremment. Il y a donc sept échelles diatoniques.

Exemple :

Gamme d'*ut*. Gamme de *ré*. Gamme de *mi*. Gamme de *mi*.

Gamme de *fa*. Gamme de *sol*. Gamme de *la*. Gamme de *si*.

Nota. — La note qui commence une *gamme* (8) doit avoir le même son (22) que la note qui commence une autre *gamme*, c'est-à-dire que le *ré* de la gamme de *ré* doit avoir le même son que l'*ut* de la gamme d'*ut*; le *mi* de la gamme de *mi* doit avoir le même son que le *ré* et l'*ut* dont nous venons de parler.

LEÇON DIX-HUITIÈME.

DE L'ART DE SOLFIER.

D. En quoi consiste l'*art de solfier* ?

61. — R. L'*art de solfier* consiste dans la connaissance et l'exécution, par le moyen du chant, des notes qui composent un morceau, en observant exactement tous les signes dont ces notes sont accompagnées. C'est à quoi nous allons procéder.

EXERCICES DE SOLFÉGE, RÉSUMANT LES PRINCIPES ET LES EXEMPLES DES LEÇONS QUI PRÉCÈDENT.

61 *bis*. — VALEUR. — Il faut se rappeler que : la *carrée* ou *brève* vaut deux *semi-brèves*; la *double-carrée*, deux *brèves*; la *triple* trois *brèves*, et la *maxime*, quatre (20).

§ 1er (*a*).

1er EXERCICE.

(*a*) Il faut s'habituer peu à peu à ne respirer qu'aux petites barres et à donner à chaque note la valeur qui lui est due, en observant le repos des grandes barres.

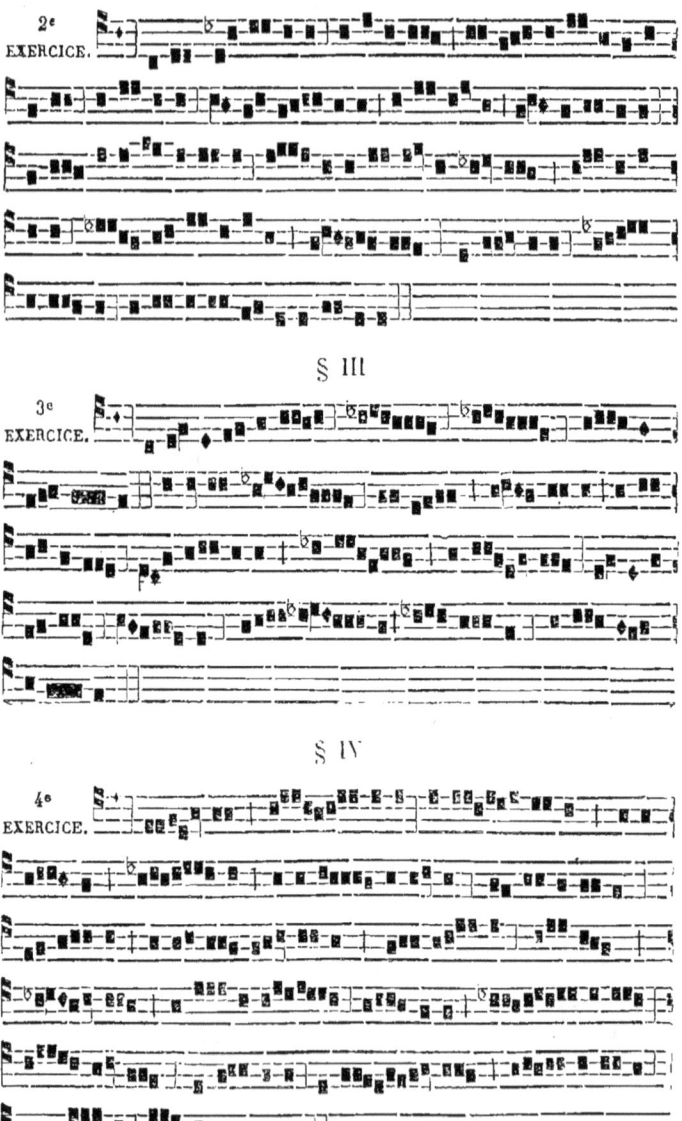

§ V

§ VI

§ VII

§ VIII

— 30 —

§ IX

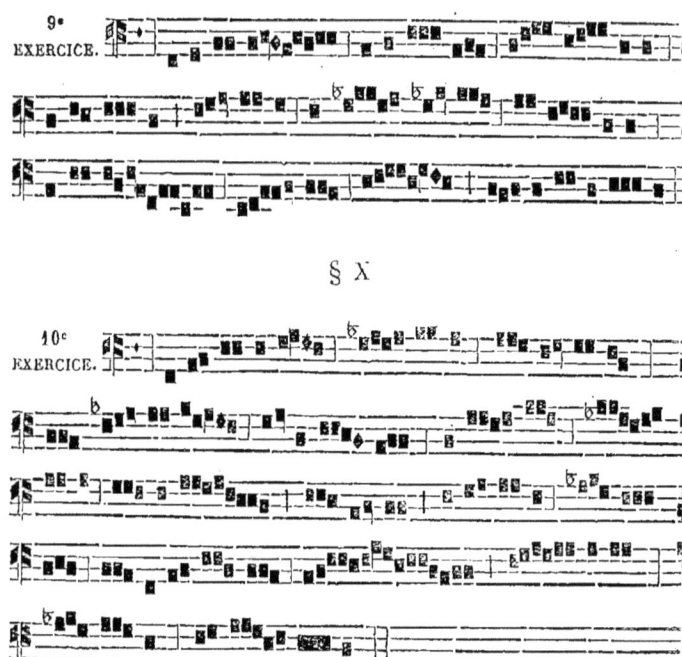

§ X

Nota. — Les élèves doivent distinguer tous les intervalles majeurs et mineurs des exercices de chant.

SECONDE PARTIE.

DE LA BEAUTÉ DU CHANT. — DE LA VOCALISATION. — DE L'APPLICATION DE LA LETTRE AUX NOTES.—DE LA PRONONCIATION DES MOTS.—DES MODES, EN GÉNÉRAL.—NOMBRE DES MODES.—DE LA FINALE.—DE LA DOMINANTE. —CARACTÈRES DES MODES.—DIVISION DES MODES.—DES MODES IMPAIRS. — DES MODES PAIRS. — DIVISION DES OCTAVES DANS LES MODES IMPAIRS ET PAIRS. — RELATION EXISTANT ENTRE LES MODES. — DE LA NOTE LA PLUS ESSENTIELLE DES MODES. — VARIABILITÉ DU *si*. — DES MODES PARFAITS.—IMPARFAITS.—SURABONDANTS.—MIXTES.—COMMUNS PARFAITS.— COMMIXTES. — RÉGULIERS. — IRRÉGULIERS. — DISTINCTION DES MODES. — MANIÈRE DE DISTINGUER A QUEL MODE APPARTIENT UNE PIÈCE DE CHANT. —DE L'INTONATION.—DE LA VOIX.—DE LA RESPIRATION.—DE LA TENUE DU CORPS.—POSE DE LA VOIX.—DES SONS LIÉS.—DISCIPLINE DU LUTRIN. — DE CHAQUE MODE EN PARTICULIER. — QUALITÉS DES MODES.

LEÇON PREMIÈRE.

DE LA BEAUTÉ DU CHANT.

D. En quoi consiste la beauté du Plain-Chant ?

62. — R. La beauté du Plain-Chant consiste dans sa composition et surtout dans sa bonne exécution. Il faut joindre la pratique à la théorie, c'est-à-dire les exemples aux règles.

Retenez bien cette vérité : *Que la connaissance ne donne pas la pratique et l'usage.* Sans cette pratique éclairée, l'élève n'aura aucun goût pour le chant et sera inhabile à en apprécier le charme et les beautés (*a*).

D. Lorsque les élèves sauront parfaitement solfier, que devront-ils faire avant d'ajouter le texte aux notes ?

63.—R. Les élèves sachant parfaitement solfier (29) toutes les notes dont se compose la première partie de cette méthode, devront s'appliquer à vocaliser les exercices suivants avant de passer de l'articulation des notes à celles des syllabes du texte.

(*a*) Admirateur du nouveau Plain-Chant, nous désirons ardemment qu'il devienne populaire.

§ 1er

DE LA VOCALISATION.

D. Qu'appelle-t-on *vocaliser* ?

64. — R. On appelle *vocaliser*, chanter des notes sur une syllabe ou sur une des voyelles *a, e, i, o, u*, par exemple :

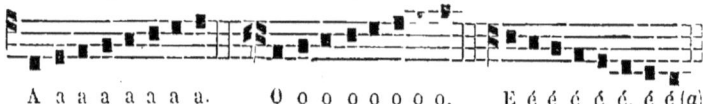

A a a a a a a a.   O o o o o o o o.   E é é é é é. é é (a)

D. À quoi servent ces exercices de *vocalisation* ?

65. — R. Les exercices de *vocalisation* sont très-utiles pour développer la voix des élèves et plus encore pour les faire passer sans transition du solfége (28) au chant des paroles. Les notes de la *gamme* nous serviront pour joindre l'articulation à la vocalisation. On chantera donc le nom des notes toutes les fois qu'il sera marqué, et on prolongera les voyelles en chantant jusqu'à ce qu'on rencontre le nom d'une autre note exprimé.

Exemple :

La a a a ut ré ut la a a a fa a a a a : ré é é é é é é é é.

Autre exemple :

La a a a ut ré ut la a a a fa a a a a :
ré é é é é é é é é. Mi i i i i i . . . . ré.

(a) On devra vocaliser ainsi les *gammes* ; les *secondes*, *tierces*, etc., de la première partie, sur les cinq voyelles.

§ II

EXERCICES DE VOCALISATION.

1er EXERCICE. Fa a a a so o o o ol fa fa mi ; so o o o ol fa fa fa, ré é é é é u u u u ut fa fa la a a a aaa . . . ; fa mi i i i i i.

§ III

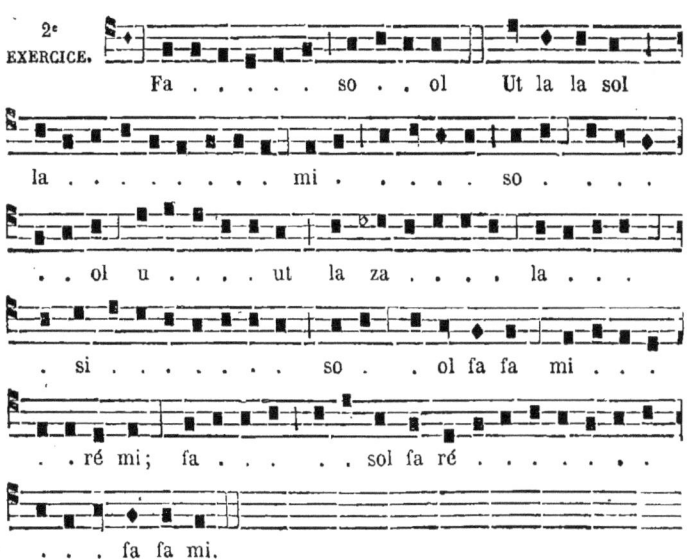

2e EXERCICE. Fa . . . . so . . ol Ut la la sol la . . . . . . mi . . . . . so . . . . . ol u . . . ut la za . . . . la . . . . si . . . . . . so . . ol fa fa mi . . . . ré mi ; fa . . . . . sol fa ré . . . . fa fa mi.

§ IV

3e EXERCICE. Fa ut ut ré. U . . ut fa fa fa sol la sol la

fa . . . . . . ré ré ut ut ré . . . .

. . . . . sol la sol, fa . . . . . sol sol fa.

§ V

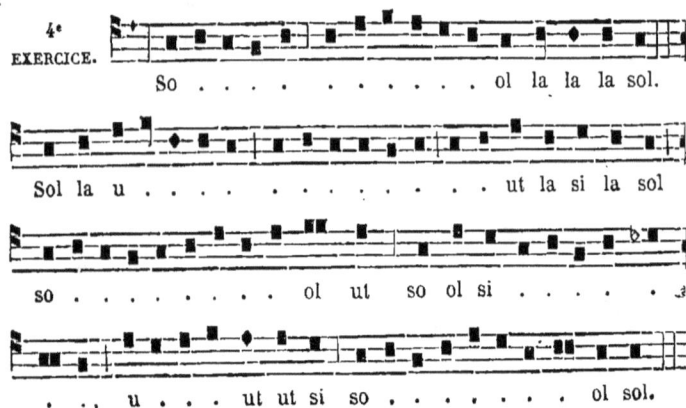

4ᵉ EXERCICE.
So . . . . ol la la la sol.

Sol la u . . . . ut la si la sol

so . . . . ol ut so ol si . . . . . .

. . ., u . . . ut ut si so . . . . ol sol.

§ VI

5ᵉ EXERCICE.
Fa . . . . fa .

. . ré ré ré . . . . sol fa la . .

so . . ol la fa . . . . . . ré . . . . ré mi ut

fa . . . . . .

§ VII

§ VIII

LEÇON DEUXIÈME.

AUTRES EXERCICES DE *Vocalisation* EN NOTES VARIÉES (*a*).

(*a*) Il faut faire attention aux barres de respiration et de repos, et observer rigoureusement la valeur des notes.

— 36 —

§ Ier

§ II

§ III

§ IV

§ V

— 38 —

..ut sol ré..... . .. ut. fa .mi.. . sol fa.

. . . .sol . fa.

§ VI

7ᵉ EXERCICE.

.Sol sol so... . .ol. Sol ut. la so...ol u.

.ut ré..... . . ....ré la . ..., so ol fa.

... . so. ol fa... ré ré. la,za,so. ...ol

la.. .... fa. u. ut ré ut ré.....

u......ut,la sol.

§ VII

8ᵉ EXERCICE.

Sol, so.. ... ol. U . .. ... la..

.... so.. ol, fa. .. la ut sol; la.. so.ol, fa . . u.

ut u .. .. ut sol, so.... ol la........

fa..., ré....... ...so.. ol, so.ol fa a a a

si.sol ut la... so.ol sol.

LEÇON TROISIÈME.

DE L'APPLICATION DE LA LETTRE AUX NOTES.

D. Que faut-il faire pour bien réussir dans l'application de la lettre aux notes?

66.—R. Avant d'appliquer la lettre aux notes, ce qui s'appelle *chanter la lettre*, il faut bien savoir *solfier*, en observant exactement tous les signes (5); les tons et les demi-tons.

D. Par où faut-il commencer à chanter la lettre?

67.—R. Pour bien débuter dans cet exercice, il faut:

—1º Commencer par la clef d'*ut* sur la 4e ligne, et ne passer que successivement aux autres;

—2º Aller très-doucement, afin d'avoir le temps de trouver la valeur de chaque note;

— 3º Chanter par mesure, c'est-à-dire observer rigoureusement la valeur (20-21) des notes;

— 4º Faire les pauses (44) convenables aux ponctuations, pour faire comprendre le sens des paroles et soulager la voix;

—5º Ne point forcer sa voix, mais chanter d'une voix naturelle, passant légèrement d'une note à l'autre, sans aspirations forcées, comme *ha, ha, hé, hé, hi;* sans ajouter de voyelle étrangère à celle du texte, comme *éâ, oâ, üa* pour *a*.

§ Ier

PRONONCIATION DES MOTS.

D. Comment faut-il prononcer les mots en chantant?

68. — R. Il faut prononcer les mots, tels qu'ils sont écrits, en chantant comme en lisant : bien articuler toutes les syllabes sans les défigurer. La prononciation doit être large, claire, franche et rapide, l'articulation forte et immédiate.

D. Quels sont les défauts à éviter et les règles à observer pour bien prononcer?

69. — R. Il faut toujours éviter les défauts qui rendent le chant désagréable, et pour cela observer les avis suivants :

— 1° Prononcer naturellement et correctement les voyelles *a, e, i, o, u*, sans y en ajouter d'étrangères, comme on l'a dit ci-dessus ;

— 2° Ne point donner le son de l'*é* fermé à l'*è* ouvert et réciproquement. On chante en *é* fermé celui qui termine une syllabe ou un mot, comme *Dominé, ité, Déus, méus, Kyrié*, et en *è* ouvert celui qui est suivi d'une consonne dans une même syllabe, tels que *Regès, diès, patèr, amèn ;*

—3° Eviter : 1° de prononcer *a-ain* pour *ain* dans *invocaverimus, invocabo,* etc. ; 2° les *hiatus*, comme *quoinvocaverimus,* pour *quâ invocaverimus ; illerat,* pour *ille erat ; cordardent,* pour *corda ardent ;* 3° et les liaisons mouillées, telles que *De-ïus, me-ïus,* pour *Deus, meus ;* il faut éviter aussi de prononcer *Magnificat,* comme en français *magnifique ; Agnus* comme *agneau,* mais appuyer fortement sur le *g ;*

—4° Ne point défigurer les mots et leur sens, en substituant ou ajoutant des lettres étrangères, et prononçant *Deos,* pour *Deo ; cœlis,* pour *cœli ; In exitus,* au lieu de *In exitu....; caros meas,* pour *caro mea ; Dâmineus, Daminam, Dâi,* pour *Dóminus, Dóminum, Dei ; Kérié,* pour *Kyrie ;* ni prononcer comme *z* l's finale, devant un mot qui commence par une voyelle, comme *Dominuz ex ; Diez iræ, diez illa,* etc., etc. ;

—5° Ne point escamoter les syllabes, disant : *glo-ria, Ma-ria, fi-lio, fi-de-lium, e-tiam, ve-niat, rui-nas, via,* etc., pour *glo-ri-a, Ma-ri-a, fi-li-o, fi-de-li-um, e-ti-am, ve-ni-at, ru-i-nas, vi-a,* etc. ; il ne faut pas considérer comme diphthongues des syllabes séparées ;

—6° Quand un mot finit par une consonne et que le suivant y commence, ne pas mettre *é* entre ces deux mots, et ne point dire *et é spiritui ; Dóminus é virtutum ; Deus é Jacob ; cujus é latus ; corpus é natum ; eruas é me,* au lieu de *et spiritui, Dominus virtutum, Deus Jacob, cujus,* etc. Les uns ne font point attention au redoublement des lettres, et disent lâchement : *i-lius, favi-la, co-movébitur, tè-ribile, judici, inté-lectus,* etc., pour *il-li-us, favil-la, com-movébitur, ter-ribile, judici-i, intellectus,* etc.; les autres tombent dans l'excès contraire en redoublant mal à propos les lettres et prononçant *fili-i, Dom-mino, man-nuum, tuar-rum, pus-sillis,* etc., au lieu de *fili, Do-mino, manu-um, tu-a-rum, pu-sil-lis,* etc.;

—7° Lorsqu'une syllabe est chargée de plusieurs notes, et que cette syllabe finit par une consonne, comme dans *alma, sanctus,* etc., il ne faut faire sentir la consonne que sur la dernière note de la syllabe et ne point dire : *al, al, al, al, al,...* sur chaque note de la première syllabe du mot *alma,* mais il faut chanter *a, a, a, a, a,... alma,* et ne faire sentir l'*l* qu'à la dernière note; de même pour *salve, sanctus,* etc., on chantera *sa, a, a, anc-tus,* ne faisant aussi sentir l'*n* et le *c* qu'à la dernière note, et enfin si un mot qui finit par une consonne est suivi d'un *neume,* ne faire sonner cette consonne finale que sur la dernière note du *neume;*

—8° Observer la quantité des syllabes, c'est-à-dire ne point faire longue une syllabe qui de sa nature est brève, ni rendre brève celle qui doit être longue ;

— 9° Ne point prévenir les autres chantant en chœur, mais chanter unanimement, tous ensemble, comme d'une seule voix, la même note et la même syllabe ;

— 10° Ne point chanter du nez ou de la gorge, évitant de contrefaire sa voix naturelle ou de la forcer, suivant le mauvais exemple de ceux qui mettent leur livre sur la lèvre inférieure, en chantant, pour crier plus fort (*a*). Voilà les principales règles qui regardent la bonne prononciation (222).

(*a*) Depuis près de quarante ans que j'ai l'honneur de figurer au lutrin, j'ai pu faire bien des remarques........

§ II

DU CHOIX DES MORCEAUX POUR EXERCER LES ÉLÈVES QUI COMMENCENT A APPLIQUER LE TEXTE AUX NOTES.

D. Par quelle pièce de chant faut-il débuter pour exercer les commençants?

70. — R. Pour exercer convenablement les élèves qui commencent à faire l'application du texte aux notes, il faut choisir les pièces de chant les plus faciles, où il n'y ait qu'une ou deux notes sur chaque syllabe, comme la prose *Inviolata...*, l'antienne *Ave verum...*, le répons *Homo quidam...*, etc., qui sont simples, faciles et graves.

D. Faut-il solfier la pièce avant de la chanter?

71. — R. Les commençants doivent solfier seulement quelques notes à la fois, avant d'appliquer les paroles, comme dans l'exemple suivant :

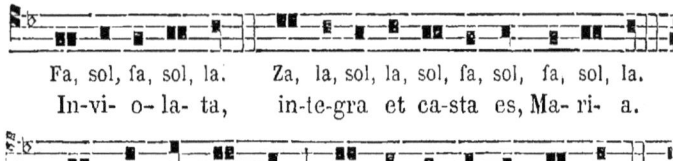

Fa, sol, fa, sol, la.   Za, la, sol, la, sol, fa, sol, fa, sol, la.
In-vi- o- la- ta,   in-te-gra et ca-sta es, Ma- ri- a.

Fa, la, za, la, sol,   la, sol, fa, sol, fa, sol, la.
Quæ es ef- fe- cta   ful- gi- da cœ- li por- ta.

La, sol, fa, sol, fa.
O Ma- ter al-ma, etc. (Voyez le *Processionnal*, page 43 et suivantes) (*a*).

D. Que faut-il observer quand on chante des mots où il y a plusieurs notes sur chaque syllabe?

72. — R. Lorsqu'il y a plusieurs notes sur une syllabe, ce

(*a*) Il devrait y avoir dans chaque école quelques *Processionnaux*, pour exercer les élèves.

n'est pas plus difficile à exécuter que s'il n'y en avait qu'une, mais il faut faire bien attention aux notes qui sont liées sur la même syllabe, et à celles qui ne le sont pas, afin de donner à chaque syllabe le nombre de notes qui lui appartient, quoique divisées quelquefois par des barres de respiration.

Exemple :

Fa,sol,la, fa, sol, fa,   Za, la, sol, la,   sol, fa, mi, fa,
A- ve, ve- rum   Cor-pus na- tum   de Ma- ri- a

sol,la, sol, sol,fa.   Fa,sol,la, fa.....   Fa,sol,la,fa,za, za,la,sol, la.
Vir- gi- ne.   Ve- re....   O   pi- e!...

D. Quand on s'aperçoit qu'on s'est trompé, que faut-il faire?

73.—R. Quand on se trompe, il faut aussitôt recommencer à solfier et ensuite réappliquer la lettre.

LEÇON QUATRIÈME.

DES MODES EN GÉNÉRAL.

D. Qu'est-ce qu'un *mode*?

74. — R. On appelle *mode* la façon ou manière dont les pièces sont composées et par où l'on distingue un chant d'avec un autre.

§ Ier

NOMBRE DES MODES.

D. Combien y a-t-il de *modes*?

75. — R. Il y a dans le Plain-Chant huit *modes* qui sont caractérisés : 1° par les divisions de l'*échelle diatonique* (59 *bis*) qui sert à les former ; 2° par les limites de leur *octave* (49) ; 3° par leur *finale* (76) ; 4° par leur *dominante* (78); 5° et par la nature de leur *quarte* (55) et de leur *quinte* (56).

§ II

DE LA FINALE.

D. Qu'appelle-t-on *finale?*

76.—R. On appelle *finale* la note qui termine ce que l'on chante. Dans les *introïts*, c'est celle qui précède le *psaume;* dans les *répons*, c'est celle qui précède le *verset*.

D. Combien y a-t-il de *finales?*

77.—R. Il n'y a que quatre *finales* pour les huit modes réguliers, qui sont : *ré, mi, fa, sol;*

FINALES :
- *ré* est la finale du 1er et du 2e mode ;
- *mi* . . . . du 3e et du 4e ;
- *fa* . . . . du 5e et du 6e ;
- *sol* . . . . du 7e et du 8e.

§ III

DE LA DOMINANTE.

D. Qu'est-ce que la *dominante?*

78.—R. La *dominante* est la note sur laquelle roule le chant et à laquelle les autres semblent vouloir souvent retourner. Ce n'est pas toujours la note la plus élevée. Il n'y a que quatre *dominantes* pour les huit modes réguliers, savoir : *fa, la, ut, ré;*

DOMINANTES :
- *fa* est la dominante du 2e mode ;
- *la* . . . . . du 1er, du 4e et du 6e ;
- *ut* . . . . . du 3e, du 5e et du 8e ;
- *ré* . . . . . du 7e.

NOTA. Pour faciliter la mémoire à mieux retenir les *finales* et les *dominantes*, on emploie cette formule mnémonique :

Pri., *ré la;* Sec., *ré fa;* Ter., *mi ut;* Quart., *mi la;* Quint, *fa ut;* Sext., *fa la;* Sept., *sol ré;* Oct., *sol ut*.

Exemples pour les modes réguliers :

§ IV
CARACTÈRE DES MODES.

D. Toutes les pièces de chant présentent-elles les mêmes caractères ?

79. — R. Les pièces de chant présentent un caractère particulier suivant le mode auquel elles appartiennent; elles ne présentent pas la même combinaison de notes, et n'expriment pas les mêmes passions de l'âme : de là une diversité de chants ou modes (80); de là aussi un caractère particulier pour chaque mode, comme l'indiquent les épithètes suivantes :

Premier grave ou sérieux.
Deuxième triste.
Troisième mystique ou mystérieux.
Quatrième anagogique.

Cinquième gai ou joyeux.
Sixième dévot.
Septième angélique.
Huitième parfait.

LEÇON CINQUIÈME.
DIVISION DES MODES.

D. Comment se divisent les huit *modes* ?

80. — R. Les *modes* se divisent en *impairs* et en *pairs*.

§ Ier
DES MODES *impairs* OU *authentiques*.

D. Combien y a-t-il de *modes impairs* et quels sont-ils ?

81. — R. Il y a quatre *modes impairs* ou *authentiques*, qui sont : les 1er, 3e, 5e et 7e.

— 46 —

D. Que veut dire *authentique*?

82. — R. *Authentique* veut dire ici, choisi, approuvé. Dans le Plain-Chant, ce sont les modes dont la *dominante* (78) est la *quinte* (56) de la *finale* (76) ; comme *ré, la ; mi, ut ; fa, ut ; sol, ré*.

D. Quand un mode est-il *authentique*?

83. — R. Un mode est *authentique* ou supérieur quand la *quinte* est au grave et la *quarte* à l'aigu, comme nous le verrons par les exemples suivants :

Exemple 1er.

1er MODE.

Authentique ou *impair*.

Exemple 2e.

3e MODE.

Authentique ou *impair*.

Exemple 3e.

5e MODE.

Authentique ou *impair*.

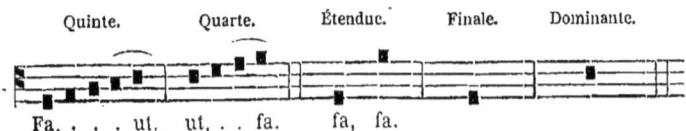

Exemple 4^e.

7^e MODE.

Authentique ou *impair*.

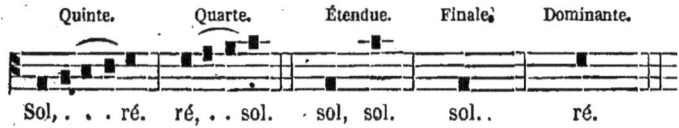

§ II
DES MODES *pairs* OU *plagaux*.

D. Combien y a-t-il de *modes pairs* et quels sont-ils ?

84. — R. Il y a quatre *modes pairs* ou *plagaux* ; ce sont les 2e, 4e, 6e et 8e.

D. Qu'entendez-vous par *mode plagal* ?

85. — R. Le *mode plagal* ou inférieur est l'opposé de celui qu'on appelle *authentique* ou supérieur, c'est-à-dire que la *quarte* est à la place de la *quinte* et que sa *finale* est la dernière note de la *quarte*.

D. Quand est-ce qu'un mode est *plagal* ?

86. — R. Un mode est *plagal* quand la *quinte* est à l'aigu et la *quarte* au grave.

Exemple 1er.

2e MODE.

Plagal ou *pair*.

Exemple 2e.

4e MODE.

Plagal ou *pair*.

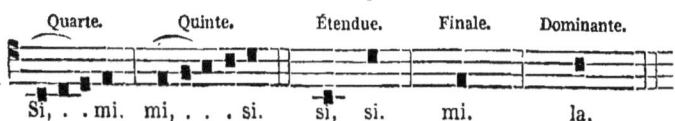

— 48 —

Exemple 3ᵉ.

6ᵉ MODE.

Plagal ou *pair.*

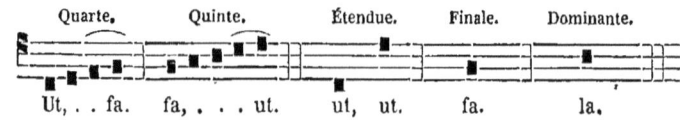

Exemple 4ᵉ.

8ᵉ MODE.

Plagal ou *pair.*

§ III

RELATION EXISTANT ENTRE LES MODES *authentiques* ET *plagaux.*

D. Quelle relation existe-t-il entre les modes *authentiques* et *plagaux* ?

87. — R. Il y a une relation étroite entre chaque mode *authentique* et le *plagal* qui doit le suivre, car pour former les 1ᵉʳ, 3ᵉ, 5ᵉ et 7ᵉ modes, on a divisé les *échelles diatoniques* (59 *bis*) de *ré, mi, fa, sol*, en une *quinte* juste placée au grave et une *quarte* juste placée à l'aigu ; et pour former les modes *plagaux* qui suivent dans l'ordre, on a simplement transporté la *quarte* au grave et au-dessous de la *quinte*.

D. Quelle différence existe-t-il entre les modes *authentiques* et *plagaux* ?

88. — R. Les modes *authentiques* ayant la *quarte* au-dessus de la *quinte*, montent une *quarte* plus haut que les *modes plagaux* qui les suivent (a) ; les *modes plagaux* ayant, au contraire,

---

(a) Les 1ᵉʳ, 3ᵉ, 5ᵉ et 7ᵉ modes authentiques ont pour plagaux les 2ᵉ, 4ᵉ, 6ᵉ et 8ᵉ modes qui les suivent. Le 1ᵉʳ mode authentique a pour plagal le 2ᵉ, le 3ᵉ a pour plagal le 4ᵉ, ainsi de suite.

la *quarte* au-dessous de la *quinte*, descendent une *quarte* plus bas que les *modes authentiques* correspondants.

§ IV

DIVISION DES *Octaves* DANS LES MODES *impairs* ET *pairs*.

D. Comment divise-t-on les *octaves* des modes *impairs* et *pairs* ?

89. — R. Chaque *octave* se divise de deux manières.

D. Comment se fait la première division de l'*octave* ?

90. — R. La première division de l'*octave* se fait en montant de la note la plus basse de l'*octave* à la *quinte* au-dessus, et de cette *quinte* à la *quarte* au-dessus, qui est la répétition de la première note de l'*octave*; ce qui constitue les modes *authentiques* ou *supérieurs*, qui ont, par conséquent, la *quinte* et la *quarte* au-dessus de leur finale.

D. Comment se fait la seconde division de l'*octave* ?

91. — R. La seconde division de l'*octave* se fait en montant de la note la plus grave à la *quarte* au-dessus, et de cette *quarte* à la *quinte* au-dessus, qui est la répétition à l'aigu de la première note de l'*octave*; ce qui constitue les modes appelés *plagaux* ou *inférieurs*, qui ont par conséquent la *quinte* au-dessus de leur finale et la *quarte* au-dessous.

§ V

DE LA NOTE LA PLUS ESSENTIELLE DES MODES.

D. Quelle est la note la plus essentielle d'une pièce de chant ?

92. — R. Après la *finale*, la note la plus essentielle d'un morceau de Plain-Chant est la *dominante*.

D. Où se trouve la *dominante* des modes authentiques ?

93. — R. La *dominante* des modes authentiques ou impairs (84) se trouve à la *quinte* au-dessus de leur finale, excepté le 3e, qui est à la *sixte*, la note variable *si* ne pouvant être dominante.

D. Où la *dominante* se trouve-t-elle dans les modes plagaux ?

94. — R. Les modes plagaux ou pairs ont pour dominante la *tierce* au-dessous du mode authentique précédent ; par exemple, la dominante *fa* du 2ᵉ mode est une tierce au-dessous de la dominante *la* du 1ᵉʳ ; la dominante *la* du 4ᵉ est une tierce au-dessous de la dominante *ut* du 3ᵉ, etc. ; excepté le 8ᵉ, qui ne peut avoir pour dominante la *tierce mineure* au-dessous de la dominante *ré* du 7ᵉ mode, qui serait *si* ; on lui a donné la note au-dessus, *ut*, qui n'est qu'une seconde.

D. Pourquoi n'a-t-on pas placé la dominante sur le *si* ?

95. — R. La dominante ne peut être placée sur la note variable *si*, à cause du changement de place (36-49) du demi-ton, mais bien sur l'*ut*.

§ VI

VARIABILITÉ DU *si*.

D. D'où vient que le *si* est très-susceptible de changement ?

96. — R. La réduction des quatorze modes anciens en huit seulement, a eu pour cause de transposition le *bémol* (31) continuel (33) employé devant le *si* dans les divers morceaux des 1ᵉʳ, 2ᵉ, 3ᵉ, 4ᵉ, 5ᵉ et 6ᵉ modes, tandis qu'il n'y existait qu'accidentellement auparavant.

D. En quoi consiste donc la différence des quatorze modes anciens aux huit modernes ?

97. — R. On voit que la différence entre les modes anciens et ceux auxquels on les a fait rapporter consiste dans la position du demi-ton fixe et du demi-ton variable. Il a donc fallu, pour remédier à cet inconvénient, faire un usage très-fréquent du *bémol*. Ce qui explique la présence de ce signe à la clef dans les six derniers, c'est à-dire les 9ᵉ, 10ᵉ, 11ᵉ, 12ᵉ, 13ᵉ et 14ᵉ modes, qui, par transposition, ont exactement la même composition d'*octaves*, de *finales* et de *dominantes* que dans les huit exemples des modes authentiques et plagaux ci-dessus

(82-84), sauf qu'ils ont le *bémol* devant le *si*, auprès de la clef.
On a donc fait rapporter :

le 9ᵉ mode, transposé, au . . . . 1ᵉʳ mode.
le 10ᵉ. . . . . 2ᵉ. —
le 11ᵉ. . . . . 3ᵉ. —
le 12ᵉ. . . . . 4ᵉ. —
le 13ᵉ. . . . . 5ᵉ. —
le 14ᵉ. . . . . 6ᵉ. —

ce qui compose les huit modes nouveaux, qui se divisent en *parfaits, imparfaits, surabondants, mixtes, commixtes, réguliers* et *irréguliers*.

LEÇON SIXIÈME.

DES MODES PARFAITS.

D. Qu'appelez-vous *mode parfait?*

98. — R. On appelle *mode parfait* celui qui atteint dans la pièce de chant qui le constitue les deux notes extrêmes de son échelle diatonique (60), c'est-à-dire qui parcourt son octave (59) tout entière. Donc un morceau du 1ᵉʳ mode sera appelé *parfait* s'il offre un *ré* grave et un *ré* aigu. Une pièce du 2ᵉ mode sera *parfaite* si elle a une *octave* d'étendue à partir de la *quarte* au-dessus de sa finale, c'est-à-dire si elle a un *la* grave et un *la* aigu.

D. Un mode qui monte ou descend d'un degré, au-dessus ou au-dessous de l'*octave*, cesse-t-il d'être parfait?

99. — R. Un mode qui monte d'un degré au-dessus de son *octave*, ou qui descend d'un degré au-dessous, ne cesse point d'être parfait, mais il est à la fois parfait et surabondant.

§ Iᵉʳ

DES MODES IMPARFAITS.

D. Qu'est-ce qu'un *mode imparfait?*

100. — R. Un *mode imparfait* est celui qui n'atteint pas les deux notes extrêmes de son octave, ou de son échelle diatonique (60).

D. Quand est-ce qu'un mode authentique est *imparfait?*

101.—R. Un mode authentique est *imparfait*, quand il ne s'élève pas jusqu'à l'octave de sa finale.

D. Quand le mode plagal est-il *imparfait?*

102.—R. Un mode plagal est *imparfait* lorsqu'il ne descend pas à la *quarte* au-dessous de sa finale.

§ II

DES MODES SURABONDANTS.

D. Qu'est-ce qu'un *mode surabondant?*

103. — R. On appelle *mode surabondant* celui qui dépasse d'une ou de plusieurs notes les limites extrêmes de son octave.

D. Quand un mode authentique est-il *surabondant?*

104. — R. Un mode authentique est *surabondant* quand il s'élève au-dessus de l'octave de sa finale.

D. Quand est-ce qu'un mode plagal est *surabondant?*

105.—R. Un mode plagal est *surabondant* lorsqu'il descend de plus d'une *quarte* au-dessous de sa finale.

§ III

DES MODES MIXTES.

D. Qu'est-ce qu'un *mode mixte?*

106. — R. Le *mode mixte* est celui qui emprunte plusieurs notes à son authentique, s'il est plagal; et à son plagal, s'il est authentique. Ce qui fait dire que les modes mixtes tiennent de l'impair et du pair.

D. Quand est-ce qu'un mode authentique est *mixte?*

107.—R. Un mode authentique est *mixte* quand il descend de plus d'un ton au-dessous de sa finale.

D. Quand un mode plagal est-il *mixte?*

108.—R. Le mode plagal est *mixte* lorsqu'il monte de plus d'une *sixte* au-dessus de sa finale.

§ IV

DES MODES COMMUNS PARFAITS.

D. Qu'appelez-vous modes *communs parfaits?*

109. — R. On appelle *communs parfaits* les modes mixtes qui atteignent, au grave et à l'aigu, les limites de la double octave de l'authentique et du plagal qui les composent.

§ V

DES MODES COMMIXTES.

D. Quels sont les *modes commixtes?*

110. — R. Les *modes commixtes* sont ceux dans lesquels existent des phrases de chant qui appartiennent à d'autres modes qu'à leurs authentiques ou à leurs plagaux (82-86).

§ VI

DES MODES RÉGULIERS.

D. Qu'est-ce qu'un *mode régulier?*

111. — R. Un mode est appelé *régulier* quand il se termine par l'une des notes finales (76), *ré, mi, fa, sol.*

§ VII

DES MODES IRRÉGULIERS.

D. Qu'appelez-vous *mode irrégulier?*

112. — R. On appelle *mode irrégulier* celui qui finit par une autre note que sa finale régulière.

LEÇON SEPTIÈME.

DISTINCTION DES MODES.

D. Comment reconnaît-on de quel mode est une pièce de chant?

113. — R. On reconnaît de quel mode est une pièce de

chant par sa finale (76) et sa dominante (78). La finale *ré*, annonce le 1er ou 2e mode ; *mi*, le 3e ou 4e ; *fa*, le 5e ou 6e ; *sol*, le 7e ou 8e, puisque les modes ont deux à deux la même finale. Il reste donc à discerner l'authentique du plagal, et pour y parvenir, il faut se rappeler que le plagal descend de plusieurs notes au-dessous de sa finale et n'a pas la même dominante que l'authentique. La dominante des 1er, 4e et 6e modes est *la ;* celle du 2e est *fa ;* celle des 3e, 5e et 8e est *ut ;* et celle du 7e est *ré*.

D. Toutes les pièces suivent-elles les règles établies ci-devant ?

114. — R. Peu de morceaux ne suivent pas les règles que nous venons de donner : on les reconnaît à leur mélodie. On peut citer pour exemple *Veni, creator; Lauda, Sion*, etc., qu'il a fallu transposer pour éviter le *dièse* qui n'est pas en usage dans le chant grégorien.

§ Ier

MANIÈRE DE DISTINGUER A QUEL MODE APPARTIENT UNE PIÈCE DE CHANT.

D. Si vous désirez savoir de quel mode est une pièce de chant, que ferez-vous maintenant ?

115. — R. Si l'on désire savoir de quel mode est une pièce, il faut voir quelle est sa finale. Si la finale est *ré*, le morceau de chant appartient au 1er ou au 2e mode ; parce qu'il n'y a que ces deux modes qui finissent par *ré*.

D. Maintenant que ferez-vous pour distinguer auquel de ces modes appartient la pièce dont il s'agit ?

116. — R. Pour distinguer maintenant auquel de ces deux modes la pièce appartient, il faut examiner son étendue ; si elle rentre dans l'étendue d'un mode *impair* ou *mixte*, elle est du 1er mode ; si elle rentre dans l'étendue d'un mode *pair*, elle appartient au second.

On peut suivre la même marche pour trouver le mode des autres pièces, afin de bien les entonner.

§ II

DE L'INTONATION.

D. Qu'appelez-vous *entonner* une pièce de chant ?

117. — R. On appelle *entonner*, mettre en ton, chanter le commencement d'une pièce, les premiers mots d'un *psaume*, d'une *hymne*, etc. — Dans une acception plus générale, former avec justesse les sons et les intervalles marqués dans une partie de chant.

Avant de passer à l'exécution des pièces de Plain-Chant données pour exercices à chaque mode, nous expliquerons quelques règles indispensables à savoir pour bien exécuter.

LEÇON HUITIÈME.

DE LA VOIX.

D. Quelle est la manière de régler sa voix ?

118. — R. La manière de régler sa voix, est de la rendre toute naturelle, sans feindre et sans forcer. Si on a la voix trop rude, il faut tâcher de l'adoucir autant que possible.

Il convient à des hommes, dit saint Bernard, de chanter d'une voix mâle et d'articuler avec netteté et précision ; le tout pour la gloire de Dieu et l'édification des fidèles.

§ Ier

OUVERTURE DE LA BOUCHE.

D. Comment doit-on ouvrir la bouche ?

119. — R. On doit ouvrir la bouche raisonnablement, de manière que la colonne d'air sorte librement.

§ II

DE LA RESPIRATION.

D. Comment faut-il respirer?

120. — R. Il faut respirer sans précipitation, largement, sans efforts et sans bruit. La respiration ne doit donner lieu à aucune secousse, aucun mouvement de la tête, du cou et des épaules.

D. Comment faut-il garder sa respiration?

121. — R. Il importe de retenir sa respiration en chantant et de ne pas la prodiguer de telle sorte qu'il n'en reste plus pour faire entendre les dernières notes d'une période.

D. Quand faut-il respirer?

122.—R. Il faut respirer aux barres de respiration (44) et faire une pause aux barres de repos (44). Le tout doit être subordonné au sens et à la ponctuation du texte.

§ III

DE LA TENUE DU CORPS.

D. Comment doit-on se tenir en chantant?

123. — R. On doit se tenir droit, la poitrine haute, la tête naturellement élevée et droite.

D. Pourquoi ne doit-on ni renverser ni baisser la tête?

124. — R. Si l'on renverse trop la tête, le tube vocal s'aplatit et le son ne sort pas naturellement. Si on la baisse, si l'on se rengorge, on produit des sons gutturaux et désagréables.

D. Lorsqu'on chante le livre à la main, comment faut-il le tenir?

125. — R. Si on chante un livre à la main, on aura soin de le tenir des deux mains entre l'estomac et le menton, sans serrer les coudes contre le corps.

§ IV

POSE DE LA VOIX.

D. Qu'appelez-vous pose de la voix ?

126. — R. On appelle poser sa voix, exprimer le son des notes avec netteté et précision.

D. Comment doit-on poser la voix ?

127. — R. Pour bien poser sa voix et la maintenir, il faut toujours chanter sur le *plein de la voix,* sans frédonner, donnant tout le son dont l'organe vocal est susceptible sans effort, car l'effort devient un cri.

§ V

DES SONS LIÉS APPELÉS *Neumes,* OU *groupes de notes.*

D. Comment doit-on exécuter les sons liés ?

128. — R. Les sons liés qui forment les groupes si fréquents dans le Plain-Chant du diocèse, doivent se succéder les uns aux autres sans une solution sensible de continuité.

D. Qu'entendez-vous quand vous dites que les sons liés doivent se succéder les uns aux autres ?

129. — R. J'entends que les sons doivent être liés doucement entre eux sur le plein de la voix, c'est-à-dire qu'il ne faut pas les saccader, mais il ne faut pas les traîner non plus.

§ VI

DISCIPLINE DU LUTRIN ET DU CHŒUR.

D. Qu'entendez-vous par la discipline du lutrin et du chœur ?

130. — R. On entend par discipline du lutrin et du chœur : le bon ordre, l'obéissance et la tenue décente qui y doivent régner.

D. Quelles sont les conditions à observer pour qu'il existe, au chœur et au lutrin, une discipline sage et ferme ?

131. — R. L'observance rigoureuse d'une discipline sagement établie au chœur, l'entente et le bon ordre du lutrin sont les conditions indispensables d'une bonne exécution.

D. Il faut donc être obéissant pour être admis au lutrin ?

132. — R. Oui, Monsieur ; il faut être obéissant et sans orgueil, complaisant sans faiblesse et rempli de l'esprit des divins offices pour être admis au lutrin. Ce sont là, encore, des conditions indispensables. Nulle part l'obéissance à qui de droit n'est plus nécessaire, et la moindre infraction à cette règle n'a des résultats plus funestes, plus déplorables. Il faut, en outre, que les chantres s'écoutent mutuellement, se suivent, attaquent et quittent ensemble les notes et les syllabes (44).

§ VII

DU CHANT DES OFFICES.

D. Comment se doivent chanter les offices ?

133. — R. Les offices de l'église doivent toujours être chantés décemment et autant que possible en deux chœurs. Le chœur de droite ne doit pas interrompre celui de gauche à la fin du verset d'un *psaume*, par exemple, mais attendre que ce verset soit terminé avant d'en commencer un autre. Les chantres et les fidèles de la droite ne doivent jamais chanter avec ceux de la gauche *et vice versâ;* il n'y a que les orgueilleux et les ambitieux qui agissent ainsi, afin de faire mieux entendre leur belle voix. Il ne faut point les imiter, mais il faut attacher la plus grande importance, dans l'intérêt même de l'exécution, à la bonne tenue, à l'ordre et à la discipline. Les règles de toutes les leçons qui précèdent doivent être bien comprises avant de passer aux exercices que nous allons donner sur chaque mode en particulier. Ces exercices sont extraits du nouveau *Graduel,* qu'on peut appeler un ouvrage parfait.

LEÇON NEUVIÈME.

QUALITÉ DES MODES.

D. Quelles sont les qualités des modes?

134. — R. Les qualités des différents modes consistent à imprimer en nos âmes certaines affections de piété, selon leur diversité de cadences et de modulations.

§ Ier

DE CHAQUE MODE EN PARTICULIER.

134 *bis*. — Nous avons vu (97) que les modes (74) sont réduits à *huit* (75), que l'on distingue par la *finale* (76), la *dominante* (78) et l'étendue des modulations de chaque mode (116).

TABLEAU DES *Finales* ET DES *Dominantes* DES MODES RÉGULIERS (111).

Modes.	Finales.	Dominantes.
* PREMIER MODE.	* Ré.	La.
DEUXIÈME MODE.	Ré.	Fa.
* TROISIÈME MODE.	* Mi.	Ut.
QUATRIÈME MODE.	Mi.	La.
* CINQUIÈME MODE.	* Fa.	Ut.
SIXIÈME MODE.	Fa.	La.
* SEPTIÈME MODE.	* Sol.	Ré.
HUITIÈME MODE.	Sol.	Ut.

* On voit que chaque mode authentique a la même finale que son plagal correspondant.

TABLEAU DES *Finales* ET *Dominantes* DES MODES IRRÉGULIERS (112).

134 *ter.*—Les modes transposés, qui ont les mêmes *finales* et *dominantes* que ceux auxquels on les a fait rapporter, et qui n'en diffèrent que par le *bémol* continuel (33), ne figurent point dans ce tableau, mais dans celui des *finales* et *dominantes* des modes réguliers; tel que l'ancien 9ᵉ, transposé en 1ᵉʳ mode, comme on le verra ci-après à la théorie de chaque mode.

LEÇON DIXIÈME.

DU PREMIER MODE.

(1ᵉʳ *Authentique*).

D. Qu'est-ce que le premier mode ?

135.—R. Le premier mode est authentique (*a*); il a pour finale *ré* grave et pour dominante *la*. Son octave est *ré-ré*.

D. Où se trouvent les demi-tons dans le premier mode ?

136.— R. Les demi-tons de la *quinte* et de la *quarte* du 1ᵉʳ mode, sont placés entre le second et le troisième degré;

(*a*) Sa quinte *ré-la* est au grave et sa quarte *la-ré* est à l'aigu.

s'il reçoit le *bémol* auprès de la clef, c'est l'ancien 9e transposé, qui, avant sa transposition, avait *la* pour finale et *mi* pour dominante. Par sa transposition en 1er mode, il a pour finale *ré* et pour dominante *la*:

D. Où se font les repos dans le premier mode?

137.—R. Les repos du premier mode se font ordinairement sur sa finale et sur sa dominante, quelquefois sur le *fa* et sur l'*ut*, mais plus rarement sur le *mi* et le *sol* : (*a*).

§ Ier

DES QUALITÉS DU PREMIER MODE.

D. Quelles sont les qualités du premier mode?

138. — R. Le premier mode, qui a un caractère de grandeur et de majesté, s'appelle *grave*, à cause de ses cadences qui commencent posément, se prolongent et finissent gravement (*b*).

1er Exemple.

(*Processionnal*, page 46).

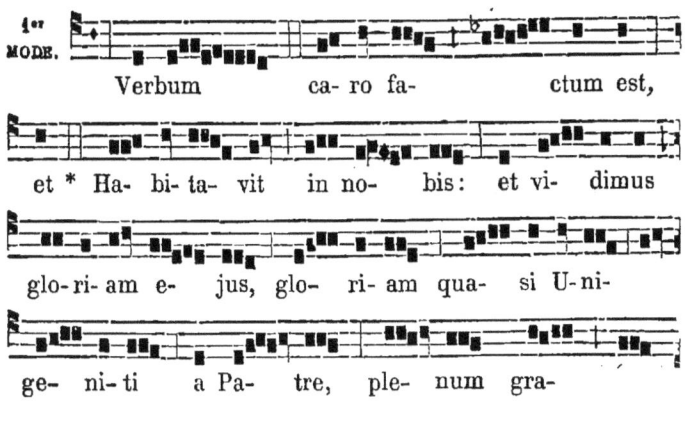

(*a*) La *finale* et la *dominante* des notes de repos sont représentées par une note double dans tous les modes.

(*b*) Ce mode est regardé comme propre à exprimer les grandes choses.

— 62 —

ti- æ   et ve-   ri- ta- tis. ℣. In ter-

ris vi-   sus est,   et cum ho-mi- ni-bus

conver- sa-   tus est. * Ha- bi- ta- vit.

2ᵉ Exemple.

(*Processionnal*, page 52.)

1ᵉʳ Mode
avec ♭.
(Anc. 9ᵉ).
Ho- di- e Chri- stus na-tus est, ho-

di- e Salva-tor appa- ru- it : ho- di- e in ter-ra

ca-nunt An- ge-li, læ-tan-tur Ar-chan-ge-li : ho-di-

e exsul- tant ju- sti, di-centes : Glo- ri- a

in excel-sis De- o, al-le- lu- ia.

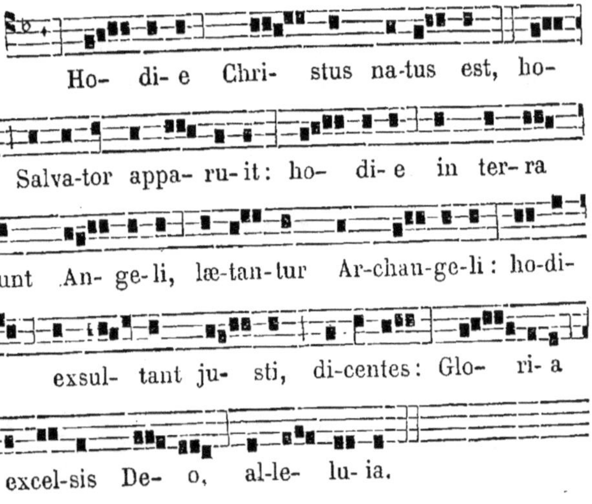

3ᵉ Exemple.

(*Graduel*, page 4.)

1ᵉʳ Mode
(*Mixte*).
U- ni-ver-   si qui te ex-spe-

ctant,   non con-fun-den-tur,   Do- mi-

— 63 —

℣. Vi- as, tu- as, Do- mine, no- tas fac mi- hi, et se- mi- tas tu- as e- do- ce me.

LEÇON ONZIÈME.

DU DEUXIÈME MODE.

(1ᵉʳ *Plagal.*)

D. Qu'est-ce que le *deuxième mode* ?

139. — R. Le *deuxième mode* est plagal (*a*) ; il a pour finale *ré* et pour dominante *fa* : Son octave est *la-la*.

D. Où se trouvent les demi-tons dans le deuxième mode ?

140. — R. Dans le 2ᵉ mode, comme dans le 1ᵉʳ, les demi-tons de sa *quarte* et de sa *quinte* sont entre le 2ᵉ et le 3ᵉ degré.

D. Où se font les repos dans le 2ᵉ mode ?

141. — R. Les repos dans le 2ᵉ mode se font ordinairement sur sa finale et sur sa dominante, sur le *la*, plus rarement sur le *mi* et sur le *sol* :

D. Le deuxième mode a-t-il toujours *ré* pour finale et *fa* pour dominante ?

142. — R. On voit des pièces transposées en deuxième mode ayant *sol* pour finale et *za* pour dominante : afin

---

(*a*) Sa quarte *la-ré* est au grave, et sa quinte *ré-la* est à l'aigu.

d'éviter le *dièse*, qui n'est pas admis dans le chant grégorien. Le deuxième mode renferme l'ancien dixième écrit dans son naturel, sa finale est *la* et sa dominante est *ut* : On trouve encore, quoique rarement, une autre espèce de 2e mode qui a pour finale *la* et pour dominante *la* :

§ Ier

DES QUALITÉS DU SECOND MODE.

D. Quelles sont les qualités du 2e mode ?

143. — R. Le 2e mode, qui est le plus grave de tous, est appelé *triste*, en raison de sa terminaison simple, et comme conduisant à la pénitence, exprimant la tristesse et l'humilité.

1er Exemple.

(*Processionnal*, page 143).

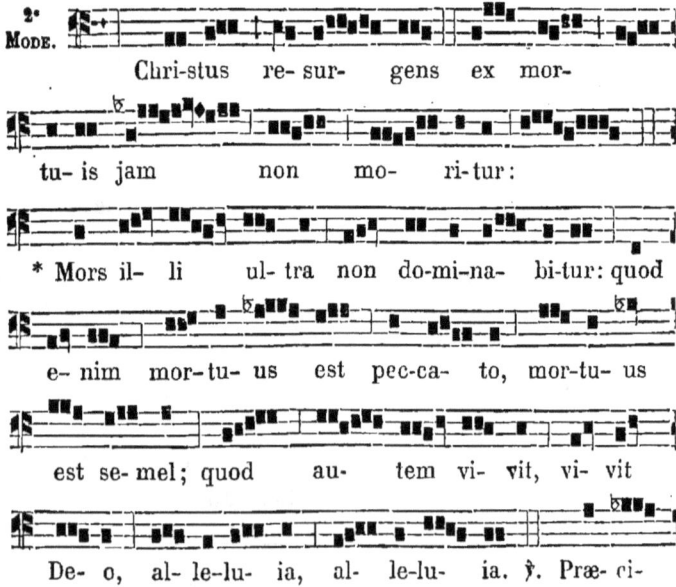

2e MODE. Chri-stus re- sur- gens ex mor- tu- is jam non mo- ri- tur : * Mors il- li ul- tra non do-mi-na- bi-tur: quod e- nim mor-tu- us est pec-ca- to, mor-tu- us est se- mel; quod au- tem vi- vit, vi- vit De- o, al- le-lu- ia, al- le-lu- ia. ℣. Præ- ci-

2ᵉ Exemple.

(*Graduel*, page 433 et 523).

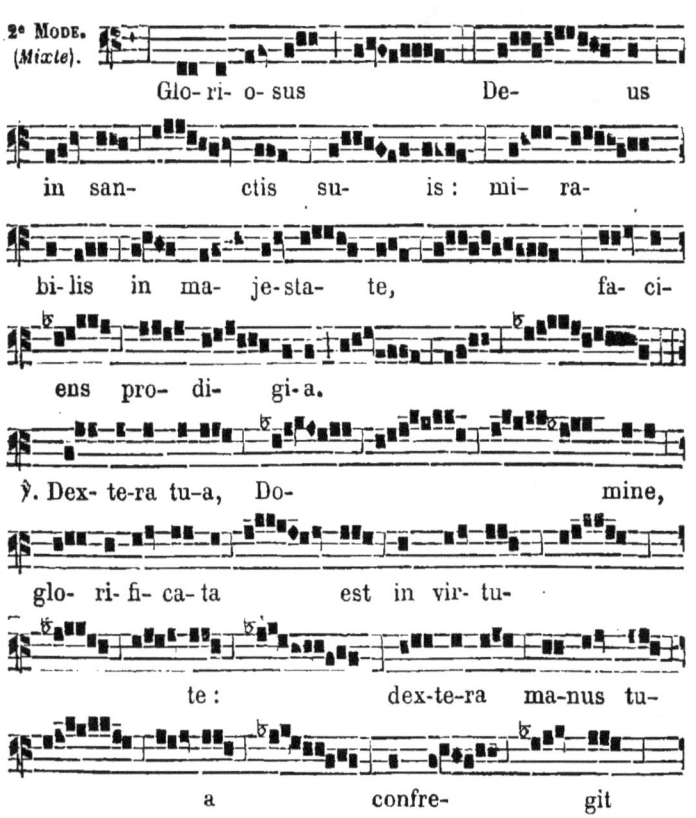

in-i- mi- cos.

3ᵉ Exemple.

(Graduel, page 154).

2ᵉ Mode en LA. (Anc. 10ᵉ).

Hæc di- es, quam fe-cit Do- minus: exsulte-mus, et læ-te-mur in e- a.

4ᵉ Exemple.

Sub Tuum EN CLEF D'*ut* 4ᵉ LIGNE, DESCENDANT JUSQU'A LA *sixte* AU-DESSOUS DE SA FINALE.

ANT. 2ᵉ *en* LA.

Sub tu- um præ-si-di- um con-fu-gi-mus san-cta De- i Ge- ni-trix: no-stras depre-ca-ti- o-nes ne despi-ci- as in necessi-ta-tibus; sed a pe-ri-cu-lis cun-ctis li-be-ra nos semper, Virgo glo-ri- o- sa et bene- di- cta.

LEÇON DOUZIEME.

DU TROISIÈME MODE.

(2e *Authentique*).

D. Qu'est-ce que le troisième mode?

144.—R. Le troisième mode est authentique (*a*); il a pour finale *mi* grave et pour dominante *ut* à la *sixte* au-dessus de sa finale : [notation]. Il parcourt l'octave *mi-mi*.

D. Où se trouvent les demi-tons dans le 3e mode?

145.—R. Dans le 3e mode, les demi-tons de sa *quinte* et de sa *quarte* sont entre le 1er et le 2e degré (*b*). Il admet le *bémol* accidentel, mais assez rarement.

D. Où se font les repos dans les pièces du 3e mode?

146.—R. Le 3e mode a ses repos sur sa *finale* et sa *dominante* ; il peut les avoir aussi sur sa quinte *si*, sur le *sol*, sur le *la* et sur le *ré* grave : [notation]

§ Ier

QUALITÉS DU TROISIÈME MODE.

D. Quelles sont les qualités du troisième mode?

147.—R. Le troisième mode, qui a des progressions vives et hardies, ne manque cependant pas de douceur. Il s'appelle *mystique* à cause de sa terminaison, de sa mélodie, qui exprime quelque chose de secret, de mystérieux, saint et sacré, qui conduit l'esprit à la componction.

(*a*) Sa quinte *mi-si* est au grave, sa quarte *si-mi* est à l'aigu.
(*b*) Le 11e mode a été rapporté au 3e, mais nous n'en avons pas encore trouvé d'exemple dans les livres du diocèse.

Exemple.

(*Processionnal,* page 84).

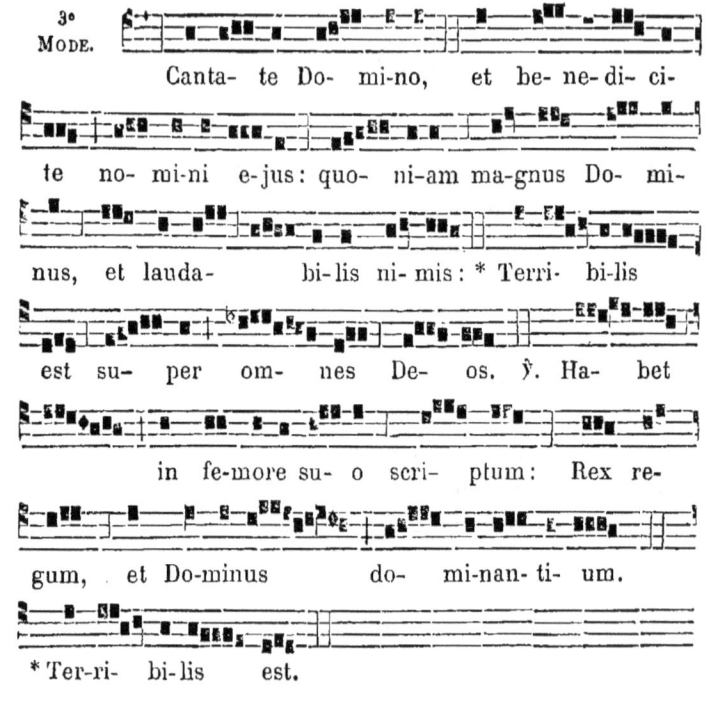

3e MODE.

Canta- te Do- mi-no, et be- ne- di- ci- te no- mi-ni e-jus: quo- ni-am ma-gnus Do- mi- nus, et lauda- bi-lis ni- mis : * Terri- bi-lis est su- per om- nes De- os. ℣. Ha- bet in fe-more su- o scri- ptum: Rex re- gum, et Do-minus do- mi-nan- ti- um.

* Ter-ri- bi-lis est.

Autre exemple.

CANTIQUE D'ACTIONS DE GRACES.

(*Processionnal,* page 202).

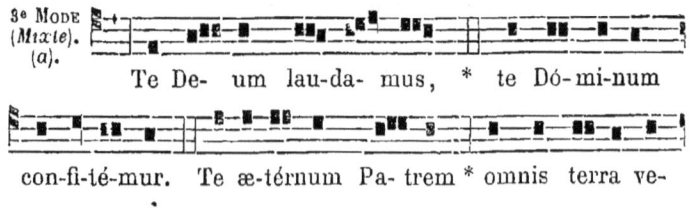

3e MODE (Mixte). (a).

Te De- um lau-da- mus, * te Dó- mi-num con-fi-té-mur. Te æ-térnum Pa- trem * omnis terra ve-

---

(a) Le *Te Deum....* est un 3e mode mixte ; c'est pourquoi nous le donnons ici pour exemple.

— 69 —

ne-rá-tur. Tibi omnes An-ge-li, * tibi cœ-li et u-

ni-vér-sæ po-testá-tes; Ti-bi Ché-ru-bim et Sé- ra-

phim * incessá-bi-li vo-ce proclá-mant. San- ctus,

San- ctus, San- ctus * Dó-minus De-us Sá-ba-

oth. Ple-ni sunt cœ-li et ter-ra * ma-jestá-tis gló-

ri- æ tu- æ. Te glo-ri-ó- sus * A-po-sto-lórum cho-rus;

Te Prophe-tá- rum * laudá-bi-lis nú-me-rus; Te Már-

tyrum candi-dá- tus * laudat e-xér-ci-tus. Te per orbem

terrá- rum * sancta confi- té- tur Ec-clé-si- a. Pa-

trem * im-ménsæ ma-jestá- tis. Ve-ne-rándum tu-um

ve- rum, * et ú-ni-cum Fi-li-um. Sanctum quoque

* Pa-rá-cli-tum Spi-ri-tum. Tu Rex gló-ri- æ, * Chri-

ste. Tu Pa-tris * sempi-térnus es Fí-li-us. Tu, ad li-

be-rándum suscc-ptú-rus hó-minem, * non hor-ru- i-sti

Vir-gi-nis ú-terum. Tu, de-victo mor-tis a-cú- le- o,

* ape-ru-í-sti créden-ti-bus regna cœló-rum. Tu ad déx-

te-ram De-i se- des, * in gló- ri- a Pa-tris. Ju dex

cré-de-ris * esse ventú-rus. *On se met à genoux au ℣. suivant:* Te ergo,

quæ-sumus, tu-is fá-mu-lis súb-ve-ni, * quos pre-ti-ó-so

sán-guine rede-mí-sti. Æ-terna fac * cum San-ctis

tu-is in gló- ri- a nu-me-rá- ri. Sal-vum fac pó-pu-

lum tu-um, Do- mi-ne : * et bé- ne-dic hæ-redi-tá-ti

tu- æ. Et re-ges e- os, * et extólle íl-los usque

in æ-tér- num. Per síngu-los di- es, * bene-dí-ci-mus

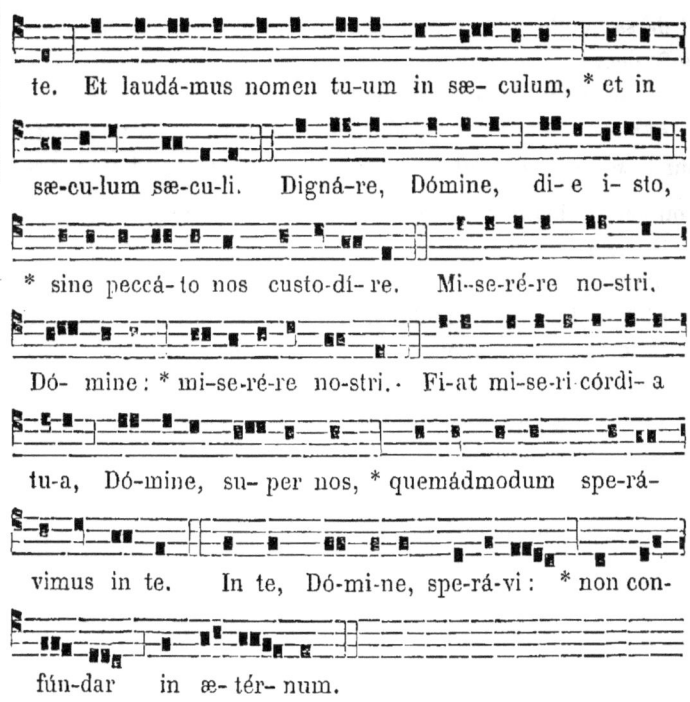

te. Et laudá-mus nomen tu-um in sæ- culum, * et in sæ-cu-lum sæ-cu-li. Digná-re, Dómine, di- e i- sto, * sine peccá-to nos custo-dí-re. Mi--se-ré-re no-stri, Dó- mine : * mi-se-ré-re no-stri. · Fi-at mi-se-ri córdi- a tu-a, Dó-mine, su- per nos, * quemádmodum spe-rá-vimus in te. In te, Dó-mi-ne, spe-rá-vi : * non con-fún-dar in æ- tér- num.

LEÇON TREIZIÈME.

DU QUATRIÈME MODE.

(2e *Plagal*).

D. Qu'est-ce que le quatrième mode ?

148. — R. Le quatrième mode est plagal (*a*) ; sa finale est *mi* grave et sa dominante *la* à la quarte au-dessus de sa finale : . Son octave est *si-si*.

D. Où se trouvent les demi-tons dans le 4ᵉ mode ?

149. — R. Dans le 4ᵉ mode, les demi-tons de sa quarte

(*a*) Sa quarte *si-mi* est au grave et sa quinte *mi-si* est à l'aigu.

— 72 —

et de sa quinte sont, comme dans le 3e mode, entre le 1er et le 2e degré.

D. Où se font les repos dans le 4e mode ?

150.—R. Dans le 4e mode, les repos sont sur sa finale *mi*, sur le *sol* et le *la*, sur le *ré* et l'*ut* graves : Il contient ordinairement beaucoup de *tierces* et de *quartes*.

D. Le 4e mode a-t-il toujours *mi* pour finale et *la* pour dominante ?

151.—R. On voit 1° des morceaux transposés en 4e mode avec le *bémol* continuel sur le *si*, c'est l'ancien 12e ; il a aussi pour finale *mi* et pour dominante *la* :

2° D'autres morceaux du 4e mode, sans transposition (ancien 12e naturel), dont la finale est *si* et la dominante *mi* :

3° Enfin on trouve une autre espèce de 4e mode qui a pour finale *la* et pour dominante *ré* :

§ Ier

QUALITÉS DU QUATRIÈME MODE.

D. Quelles sont les qualités du 4e mode ?

152.—R. Le 4e mode a pour principal caractère une sorte de mélancolie douce et affectueuse. Il est appelé *anagogique*, parce que sa mélodie, humble et timide, exprimant les sentiments de la prière et des gémissements, excite le ravissement ou l'élévation vers les choses divines.

1er Exemple.

(*Graduel*, page 156).

4e MODE. Ter- ra tre- mu-it et qui- e-vit, dum re- sur- ge-ret in ju-di-

ci- o De- us, al- le-
lu- ia.

2ᵉ Exemple.

(Graduel, page 588).

4ᵉ MODE avec ♭. (Anc. 12ᵉ). Nos au- tem glo- ri- a- ri o- por- tet in Cru- ce Do- mi-ni no-stri Je- su Chri- sti: in quo est sa- lus, vi- ta, et re- sur- re- cti- o no- stra: per quem sal-va- ti, et li-be-ra- ti su- mus, al-le- lu- ia, al-le- lu- ia. *Ps.* De- us mi-se-re- a- tur nostri, et be-ne- di- cat no- bis: * Il- lu- mi- net vultum su- um su- per nos, et mi-se-re- a- tur no- stri. ℣. Glo- ri- a Pa-tri. E u o u a e.

— 74 —

3e Exemple.

(*Graduel*, page 590).

4e Mode
en SI.
(Anc. 12e).

Per si- gnum Cru- cis, de i- ni- mi-
cis no- stris li- be-ra nos,
De- us no- ster al- le-
lu- ia.

4e Exemple.

(*Antiphonaire*, page 44).

4e Mode
en LA.

A-pud Do- mi-num, mi- se-ri-cor-di- a et
co-pi-o- sa apud e-um re-dempti- o.

LEÇON QUATORZIÈME.

DU CINQUIÈME MODE.

(3e *Authentique*).

D. Qu'est-ce que le 5e mode ?

153. — R. Le 5e mode est authentique (*a*) ; il a pour finale *fa* grave et pour dominante *ut* : Son octave est *fa-fa*.

(*a*) Sa quinte *fa-ut* est au grave, et sa quarte *ut-fa* est à l'aigu.

D. Où se trouvent les demi-tons dans le 5ᵉ mode ?

154. — R. Dans le 5ᵉ mode, le demi-ton de sa *quinte* est entre le 4ᵉ et le 5ᵉ degré, et le demi-ton de sa *quarte* entre le 3ᵉ et le 4ᵉ.

D. Où se font les repos dans le 5ᵉ mode ?

155. — R. Le 5ᵉ mode a ses repos sur sa finale et sa dominante, sur le *la*, et très-rarement sur le *sol*. Ce mode est susceptible de recevoir assez fréquemment le *bémol* accidentel.

La finale *ut* et la dominante *sol* de l'ancien 13ᵉ qui, par transposition, appartient maintenant au 5ᵉ mode, a pour finale *fa* et *ut* pour dominante : , et le *bémol* auprès de la clef, ce qui rend sa modulation douce et très-agréable.

L'ancien 13ᵉ mode, transposé en 5ᵉ, noté en clef d'*ut*, quatrième ligne, a conservé sa finale *ut* et sa dominante *sol* : , telles sont les messes *ad libitum*, qui sont d'une modulation affectueuse et fort belles.

§ Iᵉʳ.

QUALITÉS DU CINQUIÈME MODE.

D. Quelles sont les qualités du 5ᵉ mode ?

156. — R. Le 5ᵉ mode est appelé *joyeux* ou *gai*, parce qu'il rend merveilleusement les accents d'allégresse, les chants de triomphe et de victoire. Il y a cependant des morceaux notés très-gravement.

1ᵉʳ Exemple.

(*Graduel*, page 6).

— 76 —

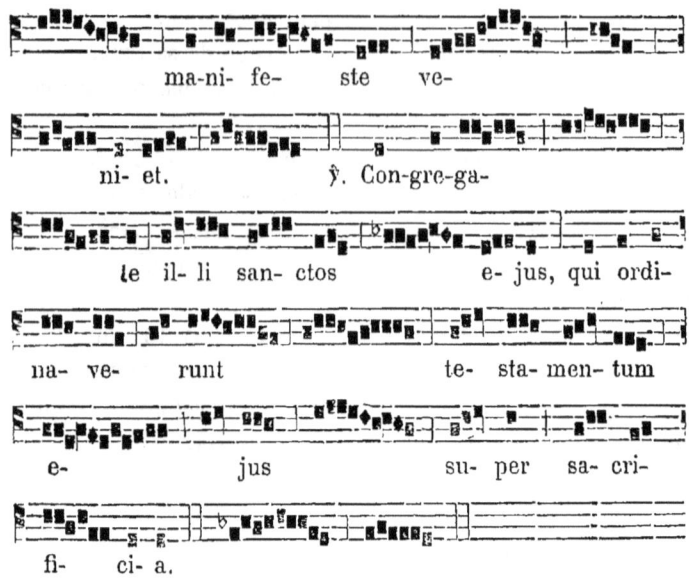

ma-ni- fe- ste ve-

ni- et. ℣. Con-gre-ga-

te il- li san- ctos e- jus, qui ordi-

na- ve- runt te- sta- men- tum

e- jus su- per sa- cri-

fi- ci- a.

2^e **Exemple.**

(*Processionnal*, page 185).

5^e Mode
avec ℣.
(Anc. 13^e).

Nu- me-ra- bi-tis se- ptem hebdo-

madas ple- nas ; * Et vo- ca- bi-tis hunc di- em

ce-le-ber- rimum, at-que sanctis- si-mum, le-gi-

timum sem-pi- ter- num e- rit in ge- ne-

ra- ti- o- ni-bus ve- stris, al- le-lu- ia,

al-le-lu- ia.

3ᵉ Exemple.

(*Graduel*, page 29).

5ᵉ Mode. (*Mixte*).
Ex- i- it ser- mo in-ter fra- tres quod di-sci- pu-lus il- le non mo- ri- tur; et non di-xit Je- sus : Non mo- ri-tur. ℣. Sed : Sic e- um vo-lo mane-re do- nec ve- ni- am; tu me se- que- re.

LEÇON QUINZIÈME.

DU SIXIÈME MODE.

(3ᵉ *Plagal*).

D. Qu'est-ce que le sixième mode ?

157.—R. Le sixième mode est plagal (*a*); il a pour finale *fa*

(*a*) Sa quarte *ut-fa* est au grave, et sa quinte *fa-ut* est à l'aigu.

et pour dominante *la :* ▭. Son octave est *ut-ut*, qu'il ne dépasse jamais au grave.

D. Où se trouvent les demi-tons dans le 6e mode ?

158. — R. Le demi-ton de sa *quarte* est, comme dans le 5e mode, entre le 3e et le 4e degré, et le demi-ton de sa *quinte* est entre le 4e et le 5e.

D. Où se font les repos dans le 6e mode ?

159. — R. Le 6e mode a ses repos sur sa finale et sa dominante, sur les *ut*, sur le *ré* au dessous de sa finale, et quelquefois sur le *sol :* ▭. On y voit très-fréquemment le *bémol* accidentel, pour éviter le triton du *fa* au *si* naturel.

On a fait rapporter au 6e mode l'ancien 14e (fin. *ut*, dom. *mi*), qui, par transposition de l'*ut* en *fa*, a maintenant *fa* pour finale et *la* pour dominante, comme le 6e naturel, dont il ne diffère que par le *bémol* continuel sur le *si :* ▭. Dans ce cas, le *bémol* accidentel peut être sur le *mi*, qui remplace le *si* de sa première notation.

On trouve aussi un 6e mode, ou ancien 14e naturel, qui a pour finale *ut* et pour dominante *ut :* ▭

§ Ier

QUALITÉS DU SIXIÈME MODE.

D. Quelles sont les qualités du 6e mode ?

160. — R. Les progressions du 6e mode ont lieu ordinairement par degrés conjoints, ce qui lui donne de la douceur et de l'onction. Ce mode se nomme *dévot*, en raison de ses cadences et de sa terminaison, qui expriment une secrète affection de piété vers Dieu et de commisération pour le prochain.

1er Exemple.

(*Processionnal*, page 349).

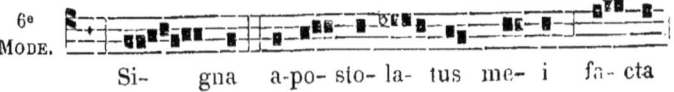

Si- gna a-po-sto-la- tus me- i fa- cta

sunt su-per vos, in om-ni pa- ti- en- ti-a, in si- gnis, et pro-di- gi- is et vir-tu-tibus

2ᵉ Exemple.

(*Processionnal*, page 199).

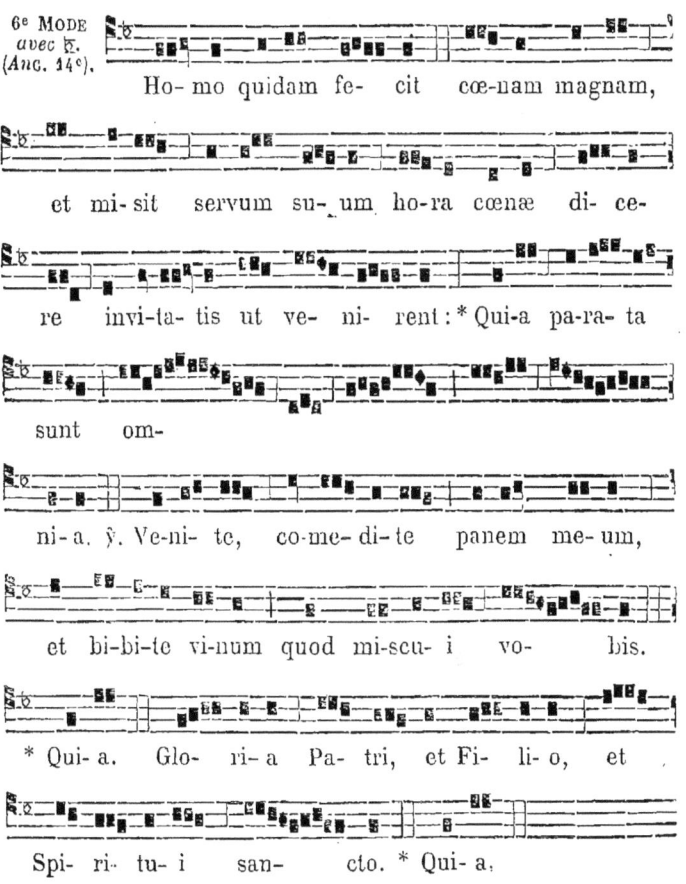

6ᵉ MODE avec ♭. (ANC. 14ᵉ). Ho- mo quidam fe- cit cœ-nam magnam, et mi-sit servum su- um ho-ra cœnæ di- ce- re invi-ta- tis ut ve- ni- rent : * Qui-a pa-ra- ta sunt om- ni- a. ℣. Ve-ni- te, co-me- di- te panem me- um, et bi-bi-te vi-num quod mi-scu- i vo- bis. * Qui- a. Glo- ri- a Pa- tri, et Fi- li- o, et Spi- ri- tu- i san- cto. * Qui- a.

3ᵉ Exemple.

(*Processionnal*, page 375).

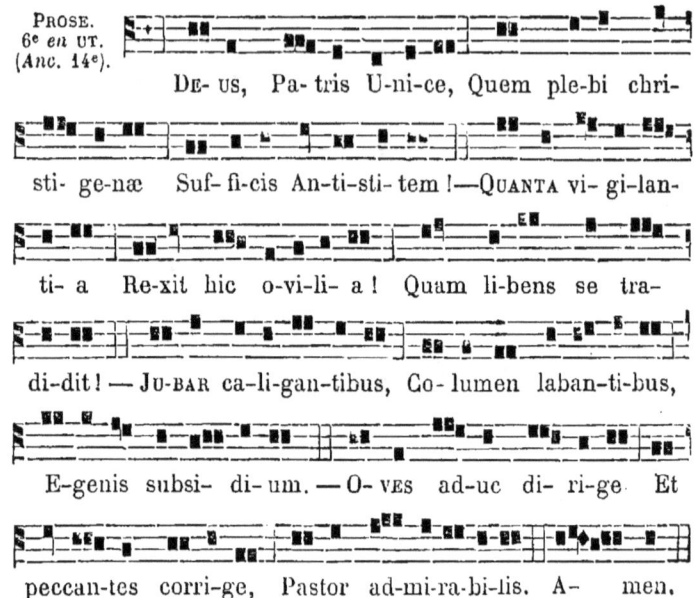

PROSE.
6ᵉ *en* UT.
(Anc. 14ᵉ).

De- us, Pa- tris U-ni-ce, Quem ple-bi chri-sti- genæ Suf-fi-cis An-ti-sti- tem !—Quanta vi- gi-lan-ti- a Re-xit hic o-vi-li- a ! Quam li-bens se tra-di-dit ! — Ju-bar ca-li-gan-tibus, Co- lumen laban-ti-bus, E-genis subsi- di- um. — O- ves ad-uc di- ri-ge Et peccan-tes corri-ge, Pastor ad-mi-ra-bi-lis. A- men.

LEÇON SEIZIÈME.

DU SEPTIÈME MODE.

(4ᵉ *Authentique*).

D. Qu'est-ce que le septième mode ?

161.—R. Le septième mode est authentique (*a*) ; il a pour finale *sol* et pour dominante *ré*. Son octave est *sol-sol*.

D. Où se trouvent les demi-tons dans le 7ᵉ mode ?

162. — R. Le 7ᵉ mode a le demi-ton de sa *quinte* entre le 3ᵉ et le 4ᵉ degré, et le demi-ton de sa *quarte* entre le 2ᵉ et le 3ᵉ. On y voit rarement le *bémol*.

(*a*) Sa quinte *sol-ré* est au grave et sa quarte *ré-sol* est à l'aigu.

— 81 —

D. Où se font les repos dans le 7ᵉ mode?

163.—R. Le 7ᵉ mode a ses repos sur sa finale et sa dominante, sur le *si*, sur le *mi* aigu et sur le *fa* grave ; enfin, sur l'*ut* et le *la*, mais rarement :

163 bis.—Ce mode est quelquefois noté en clef de *fa*, pour éviter le *dièse*, qui n'est pas en usage dans le chant romain ; alors sa finale est *ut* et sa dominante *sol* : . Tels que le *Kyrie* de la Messe des doubles, nᵒ 1ᵉʳ, ci-après, page 82, et la prose *Lauda Sion*.

§ Iᵉʳ

QUALITÉS DU SEPTIÈME MODE.

D. Quelles sont les qualités du 7ᵉ mode?

164.— R. Le 7ᵉ mode est le plus élevé de tous les modes, son caractère est la fermeté et l'éclat, il s'exprime avec douceur et grandeur. On l'a appelé *angélique*, tant à cause de sa cadence, qui semble exprimer une mélodie céleste, que parce que son intonation (282) et sa médiation (290) sont élevées d'elles-mêmes.

Exemple.

(*Processionnal*, page 263).

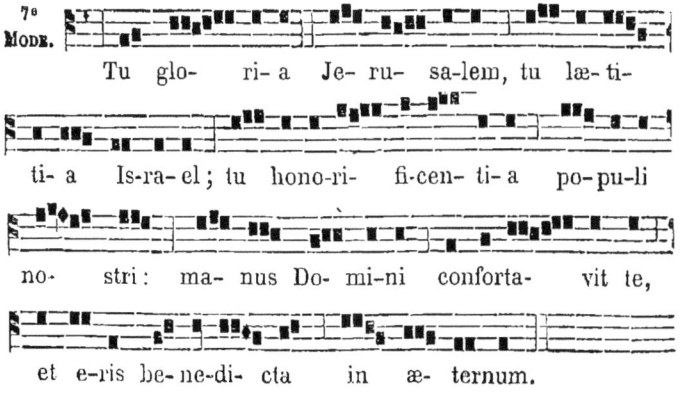

7ᵉ MODE. Tu glo- ri- a Je- ru- sa-lem, tu læ- ti- ti- a Is-ra- el ; tu hono-ri- fi-cen- ti- a po- pu-li no- stri : ma- nus Do- mi-ni conforta- vit te, et e-ris be- ne-di- cta in æ- ternum.

Autre exemple.

(*Graduel*, page 349).

7ᵉ Mode (*Mixte*). Ky- ri- e, e- le- i-son. 1ᵉʳ et 3ᵉ.

Ky- ri- e, e- le- i-son. 2ᵉ. Chri-

ste, e- le- i-son. 1ᵉʳ et 3ᵉ. Chri-

ste, e- le- i-son. 2ᵉ. Ky-

ri- e, e- le- i-son. Ky- ri- e,

e- le- i-son. Ky-

ri- e, e- le- i-son.

LEÇON DIX-SEPTIÈME.

DU HUITIÈME MODE.

(4ᵉ *Plagal*).

D. Qu'est-ce que le huitième mode ?

165. — R. Le huitième mode est plagal (*a*) ; sa finale est *sol* et sa dominante *ut* à la quarte de sa finale : 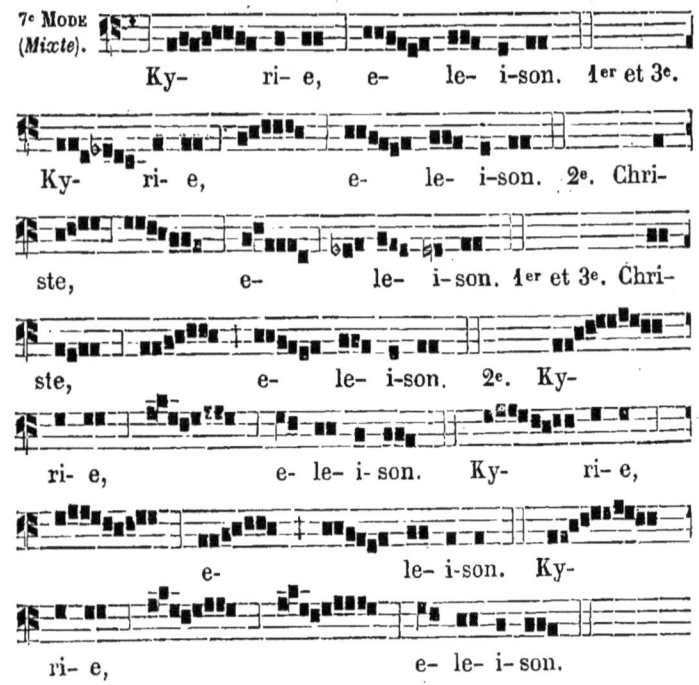. Son octave est *ré-ré*.

(*a*) Sa quarte *ré-sol* est au grave et sa quinte *sol-ré* est à l'aigu.

D. Où se trouvent les demi-tons dans le 8ᵉ mode ?

166. — R. Dans le 8ᵉ mode, le demi-ton de sa *quarte* est, comme dans le 7ᵉ, entre le 2ᵉ et le 3ᵉ degré, et le demi-ton de sa *quinte* entre le 3ᵉ et le 4ᵉ.

Le *bémol* s'y rencontre quelquefois.

D. Où se font les repos dans le 8ᵉ mode ?

167. — R. Les repos du 8ᵉ mode se font sur sa finale et sur sa dominante, sur le *si* et le *la*, sur le *fa* au-dessous de sa finale, sur le *ré* grave et quelquefois sur l'*ut* au-dessous de la première note de son octave :

On rencontre des pièces de ce mode notées en clef de *fa*, pour éviter le *dièse*, comme nous l'avons dit au nº 163 *bis* ; telles sont les hymnes *Veni, Creator*,... et *Ad regias Agni dapes*,... (a) dont la finale est *ut* et la dominante *fa* :

§ Iᵉʳ
QUALITÉS DU HUITIÈME MODE.

D. Quelles sont les qualités du 8ᵉ mode ?

168. — R. Le 8ᵉ mode est doux, harmonieux et propre aux narrations. Aussi y est-il fréquemment employé. Ce mode a le rare mérite de convenir à toutes les expressions ; ce qui lui a valu l'épithète de *parfait*. Il est encore appelé *parfait*, dit l'ancienne méthode de Bayeux, page 42, parce qu'il est le dernier et l'accomplissement de tous les autres modes, pour faire allusion à la huitième béatitude, en laquelle consiste la perfection de la vie chrétienne.

Exemple.

(*Graduel*, page 57).

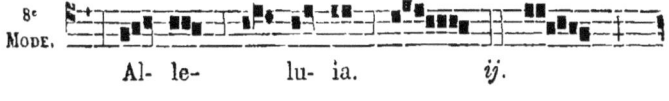

8ᵉ Mode. Al- le- lu- ia. *ij.*

(a) *Antiphonaire*, pages 167 et 185.

— 84 —

℣. Do- minus regna- vit, ex- sul- tet ter- ra: læten- tur in- su-læ mul- tæ.

TROISIÈME PARTIE.

DU RHYTHME.— DU MOUVEMENT.— DE L'EXPRESSION.—DES MATINES ET DES LAUDES.—DES LIVRES DE CHANT.— DE LA MESSE.— DE LA PROCESSION.— DE L'INTROÏT. — DES KYRIE ELEISON. — DU GLORIA IN EXCELSIS. — DU GRADUEL.— DE L'ALLELUIA.— DU TRAIT.— DU CREDO.— DE L'OFFERTOIRE — DU SANCTUS. — DE L'AGNUS DEI.— DE LA COMMUNION. — DE L'ITE, MISSA EST. — DE L'ORDINAIRE DE L'OFFICE. — DU CHANT DES *Gloria Patri* DES INTROÏTS.— CHANTS DES *Ite, Missa est* ET *Benedicamus* DE CHAQUE TEMPS. —DE LA PRONONCIATION DU LATIN.— DE LA PSALMODIE.— DU CHANT DES PSAUMES. — DE L'INTONATION.— DE LA MÉDIATION.— DE LA TERMINAISON. —DE LA QUANTITÉ PSALMODIQUE.— DES ANTIENNES.— DU TON DU CHŒUR.— DE L'UNISSON. — MANIÈRE D'ÉLEVER LES ANTIENNES. — TENUE ET PAUSE DANS LA PSALMODIE.— DES RÉPONS. — CHANTS DU *Gloria Patri* DES RÉPONS. — DES PROSES ET HYMNES. — DES HYMNES EN PARTICULIER. — DES MÉMOIRES.—CHANTS DU *Benedicamus Domino.*— CHANTS DES VERSETS.— DES COMPLIES.— DES RÉPONS BREFS.— FIN DES COMPLIES.— AUX SALUTS. — DE L'INVITATOIRE. — DE L'ACCOMPAGNEMENT DU PLAIN-CHANT. — DU MÉTRONOME.

LEÇON PREMIÈRE.

DU RHYTHME.

D. Qu'appelle-t-on *rhythme ?*

169. — R. On appelle *rhythme* (a), 1° l'observation de la valeur (20) intrinsèque (b) des notes. Comme nous l'avons établi au paragraphe des valeurs, n°s 20 et 21, la *maxime* vaut quatre temps, la *triple* trois temps, la *double* deux temps, la *brève* un temps, et la *semi-brève* un demi-temps ; 2° l'allure méthodique et les repos réglés (42 et suiv.) qui coupent la phrase musicale ; 3° les faits ou les sentiments qui sont exprimés dans le sujet du texte liturgique.

(a) Cadence, mesure, nombre.
(b) Valeur suivant le principe, ou indépendante de nos caprices.

D. Que suit-il de là?

170. — R. Il suit de là qu'il faut que ces trois espèces de rhythme soient combinées ensemble pour faire produire au Plain-Chant tout son effet.

§ Ier

DU MOUVEMENT.

D. Qu'appelle-t-on *mouvement*?

171. — R. On appelle *mouvement*, en Plain-Chant, le degré de vitesse ou de lenteur que donne à la mesure le caractère du morceau qu'on chante, ou la solennité de la fête qu'on célèbre (396).

D. Comment doit-on modifier le mouvement?

172. — R. On doit modifier le mouvement selon le degré des fêtes. On chantera solennellement, gravement, aux fêtes doubles de première et de seconde classe, et rondement aux autres solennités. S'il faut éviter d'aller trop précipitamment, il faut aussi éviter d'aller trop lentement, car le chant romain offre beaucoup plus de *brèves* que celui des autres liturgies, ce qui lui donne plus de grâce et de mélodie, qu'une extrême lenteur ferait disparaître.

D. Combien y a-t-il de sortes de fêtes doubles?

173. — R. Il y a quatre sortes de fêtes doubles, savoir: *doubles* de 1re classe, *doubles* de 2e classe, *doubles majeures* et *doubles* simplement. Toutes ces fêtes l'emportent sur les dimanches de 3e classe. Les dimanches de 2e classe ne cèdent qu'à la fête du Titulaire ou du Patron, et à la Dédicace de l'église. Les dimanches de 1re classe ne cèdent à aucune fête.

§ II

DE L'EXPRESSION.

D. Qu'est-ce que l'*expression*?

174. — R. L'*expression*, en Plain-Chant, est une teinte vive, animée et énergique, qui accompagne les idées et les sentiments qu'elle représente.

D. Combien y a-t-il de sortes d'expressions dans le chant?

175. — R. Il y a dans le chant deux expressions : une expression de composition, et une d'exécution. C'est de leur réunion que résulte l'effet musical le plus puissant et le plus agréable.

D. Qu'appelez-vous expression de composition?

176. — R. On appelle expression de composition, l'art d'unir les différentes parties suivant les règles.

D. Qu'entendez-vous par expression d'exécution?

177. — R. En terme de chant, on entend par expression d'exécution l'action, la manière d'exécuter, ou de chanter par principe, une pièce de chant.

D. Comment doit-on exécuter le chant?

178. — R. On doit exécuter ou chanter le Plain-Chant tel qu'il est écrit, sans y ajouter ni cadences, ni notes d'agrément; observant au contraire la valeur (61 *bis*) des notes, les signes, les repos, etc., comme nous l'avons déjà dit. Il faut donc éviter avec le plus grand soin les petites notes parasites qui défigurent le chant, et ne point dire :

LEÇON DEUXIÈME.

DES MATINES ET DES LAUDES.

D. Qu'entendez-vous par *Matines* et par *Laudes?*

179. — R. Par *Matines*, on entend la première partie de l'office divin, et par *Laudes* (a) la seconde partie, celle qui suit les *Matines*. Les *Laudes* étant principalement composées de *Psaumes*, de *Cantiques* et d'une *Hymne*, contiennent les louanges du Seigneur.

D. Quelles sont les *Petites heures*?

180.—R. Les *Petites heures* sont: *Prime*, *Tierce*, *Sexte* et *None*, et de plus les *Vêpres* et les *Complies*.

D. D'où cette division tire-t-elle son origine?

181. — R. Cette division tire son origine de l'ancienne division des heures du jour. Les *Matines*, appelées encore *Vigiles*, étaient chantées à minuit; les *Laudes*, au point du jour; *Prime*, à la première heure, à six heures du matin; *Tierce*, à la troisième heure, à neuf heures; *Sexte*, à la sixième heure, à midi; *None*, à la neuvième heure, à trois heures du soir; *Vêpres*, au déclin du jour, et *Complies*, après le coucher du soleil.

§ Ier

DES LIVRES DE CHANT.

D. Quels sont les principaux livres de Plain-Chant?

182. — R. Les principaux livres de Plain-Chant sont: le *Graduel* (b), l'*Antiphonaire* et le *Processionual*.

D. Qu'est-ce que le *Graduel*?

183. — R. On appelle *Graduel* un livre noté contenant les parties de l'office du matin : *les Messes*.

D. Qu'appelle-t-on *Antiphonaire*?

184. — R. On appelle *Antiphonaire* un livre qui indique les *Psaumes*, et renferme les *Antiennes* notées qui y correspondent. Il contient aussi les *Répons*, *Hymnes*, etc., qu'on chante aux divers offices du soir.

D. Qu'est-ce que le *Processionnal*?

185.—R. Le *Processionnal* est un autre livre noté qui com-

(a) Louanges.
(b) Ce livre a pris son nom de *Graduel* à une pièce de chant qui y est renfermée, et qui s'appelle elle-même *Graduel* (198 et suiv.).

plète le *Graduel* et l'*Antiphonaire*, et qui contient le chant des diverses processions qui se font pendant l'année.

LEÇON TROISIÈME.

DE LA MESSE.

D. Par où commence-t-on les cérémonies de la messe?

186.—R. Par l'aspersion (*a*) de l'eau bénite, qui est suivie de la procession.

D. Qu'est-ce que l'on chante pendant l'aspersion?

187. — R. On chante, pendant l'aspersion, l'antienne *Asperges*, suivie du premier verset du *Psaume* 50, et du *Gloria Patri* (*b*). Pendant le Temps Pascal, on remplace l'*Asperges* par l'antienne *Vidi aquam*, suivie du 1er verset du *Psaume* 106, et du *Gloria Patri*. On répète, après *Gloria Patri*, *Asperges* ou *Vidi aquam*, jusqu'au *Psaume*. (Voyez le *Processionnal*, page 19 et suiv.).

Après l'Aspersion.

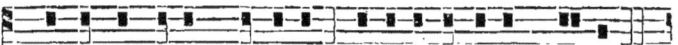

℣. Ostende nobis, Domine, mi-se-ri-cordi-am tu-am.
℟. Et sa- lu-ta-re tuum da no-bis.

T. Pasc. Al-le-lu-ia.

§ Ier

DE LA PROCESSION (*c*).

D. Que chante-t-on pendant la procession avant la messe?

188. — R. Pendant la procession, on chante gravement un grand Répons, qui se compose de six parties, savoir:

(*a*) L'aspersion de l'eau bénite a lieu avant la messe, d'après l'institution du Pape Alexandre Ier, mort l'an 119.

(*b*) On omet le *Gloria Patri* aux dimanches de la Passion et des Rameaux.

(*c*) Voyez les règles générales, au commencement du *Processionnal*.

1° Le corps du Répons, qui s'arrête à la première double barre après celle de l'intonation, c'est-à-dire à l'astérisque ;

2° De l'astérisque à la double barre suivante, qui est celle du ℣. Cette partie est appelée réclame ou la reprise du Répons, parce qu'on la répète deux fois ;

3° Du Verset jusqu'à la double barre qui le termine. Il est chanté ordinairement par deux chantres ;

4° Ce Verset est suivi de la réclame ou reprise par le chœur ;

5° Le *Gloria Patri* (a) est, comme le Verset, chanté par deux, jusqu'à *Spiritui sancto* ;

6° Et la réclame ou reprise par le chœur forme la sixième et dernière partie de ces Répons.

D. Que chantez-vous à la station ?

189. — R. Arrivé à la station, on chante une *Prose* ou un *Répons*, sans *Gloria Patri*.

D. Qu'est-ce qu'on chante en rentrant au chœur ?

190. — R. Pour retour au chœur, on chante une *Antienne*.

D. Comment doit-on chanter aux grandes processions ?

191. — R. Lorsqu'on va loin en procession, on doit chanter lentement pendant la marche ; on chante une suite de mots qui forment un sens, puis on fait un repos de quelques pas, et l'on reprend la suite.

Exemple d'un Répons de procession.

(*Processionnal*, page 68).

(a) Les *Gloria Patri* des répons se trouvent au n° 342 et suivants.

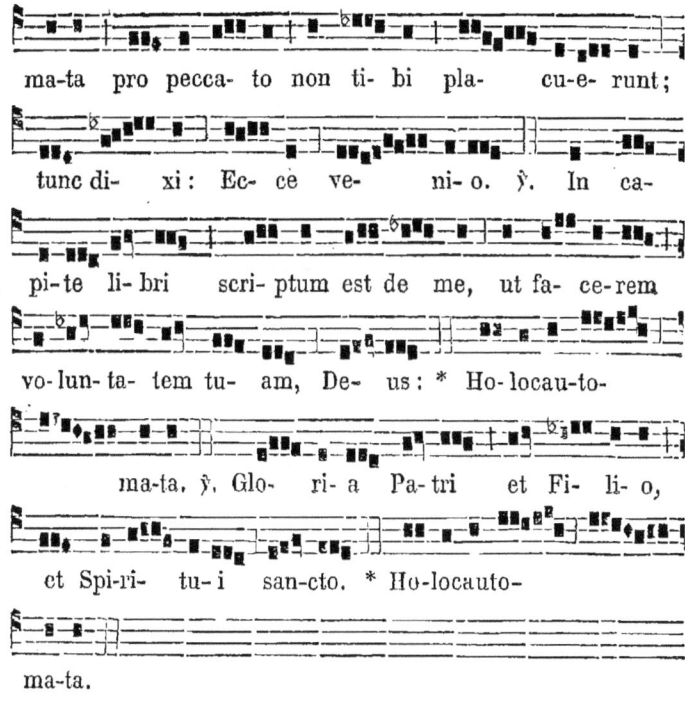

ma-ta pro pecca-to non ti-bi pla- cu-e- runt; tunc di- xi: Ec- ce ve- ni- o. ℣. In ca-pi-te li-bri scri-ptum est de me, ut fa- ce-rem vo-lun-ta-tem tu- am, De- us: * Ho-locau-to-ma-ta. ℣. Glo- ri- a Pa-tri et Fi- li- o, et Spi-ri- tu-i san-cto. * Ho-locauto-ma-ta.

LEÇON QUATRIÈME.

DE L'INTROÏT.

D. Qu'est-ce que l'*Introït*?

192. — R. L'*Introït* est une prière récitée par le Prêtre et chantée par le chœur, au commencement de la messe.

D. Pourquoi appelle-t-on cette prière *Introït*?

193. — R. L'*Introït* est ainsi nommé, parce qu'on le chante au moment où le Prêtre entre dans le sanctuaire pour célébrer la messe ; c'est une *Antienne* suivie du verset d'un *Psaume*, qui est chanté jusqu'à moitié par le chantre et le reste par le chœur, après lequel on chante de même *Gloria Patri* et *Sicut erat*. On recommence ensuite cette *Antienne* jusqu'au *Psaume*, puis on chante *Kyrie eleison*.

1ᵉʳ Exemple d'Introït.

(Graduel, page 743).

2ᵉ Exemple.

(Graduel, page 197).

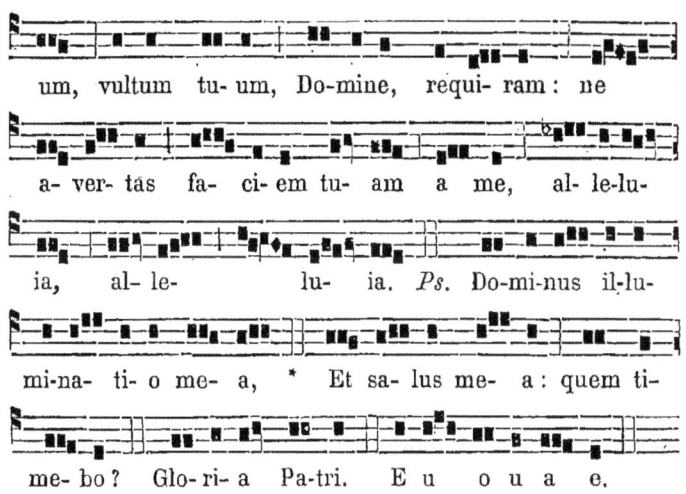

um, vultum tu- um, Do-mine, requi- ram: ne a- ver- tas fa- ci- em tu- am a me, al- le-lu- ia, al- le- lu- ia. *Ps.* Do-mi-nus il-lu- mi-na- ti- o me- a, * Et sa- lus me- a : quem ti- me- bo ? Glo- ri- a Pa-tri. E u o u a e.

On trouvera ci-après (n° 228 et suiv.) tous les *Gloria Patri* et *Sicut erat* des *Introïts* pour chaque mode, tels qu'ils sont notés dans le *Graduel*, page 309.

LEÇON CINQUIÈME.

DES KYRIE ELEISON (*a*).

D. Qu'appelle-t-on *Kyrie eleison?*

194.—R. C'est une prière qui se compose de trois premiers *Kyrie eleison*, de trois *Christe eleison* et de trois derniers *Kyrie eleison*.

D. A qui s'adresse cette prière ?

195. — R. Les premiers *Kyrie* s'adressent à Dieu le Père ; les *Christe* à Dieu le Fils et les derniers *Kyrie* à Dieu le Saint-Esprit.

195 *bis*.—Les *Kyrie, Gloria in excelsis, Credo, Sanctus* et *Agnus*, qu'on appelle *Chants communs*, varient, quant au chant,

---

(*a*) Cette institution remonte au Pape Sylvestre, mort l'an 336.

selon les solennités et les différents temps de l'année (a). On les a rangés au milieu du grand *Graduel*, dans l'ordre ci-après :

1° Doubles de 1re classe, n° 1er et n° 2.

2° Doubles de 2e classe, n° 1er et n° 2.

3° Aux Fêtes de la Sainte Vierge. (*Doubles de 2e classe et doubles-majeures*).

4° Aux Fêtes doubles-majeures.

5° Aux Fêtes doubles. (*Hors le Temps Pascal et les Fêtes de la Sainte Vierge exceptées*). N° 1er et n° 2.

6° Au Temps Pascal. (*Fêtes doubles et dimanches*).

7° Aux Dimanches ordinaires. (*Hors le Temps Pascal*).

8° Aux Dimanches de l'Avent, et depuis la Septuagésime jusqu'au 4e dimanche de Carême.

9° Aux Dimanches de la Passion et des Rameaux.

10° Aux Messes du Saint-Sacrement. (*Doubles et semidoubles*).

11° Aux Messes de la Sainte Vierge. (*Doubles et semidoubles*).

12° Aux Semidoubles et aux Simples. (*Excepté aux Messes du Saint-Sacrement et de la Sainte Vierge*).

13° Aux Féries.

14° Pour les Défunts, n° 1er et n° 2.

15° Messe *ad libitum*, pour les Fêtes solennelles.

16° Et Credo *ad libitum*, pour les Fêtes solennelles.

NOUS DONNERONS POUR EXEMPLE ET EXERCICE LE *Kyrie* DES DOUBLES DE IIe CLASSE (N° 2).

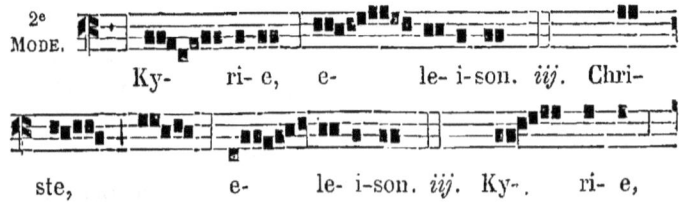

(a) Les *Kyrie, Gloria, Credo, Sanctus, Agnus* et *Ite, Missa est* d'un office, s'appellent *Messe*. On les nomme aussi *Chants communs*.

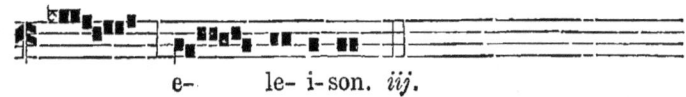

e- le- i-son. *iij.*

LEÇON SIXIÈME.

DU GLORIA IN EXCELSIS.

D. Qu'est-ce que le *Gloria in excelsis?*

196.—R. Le *Gloria in excelsis* est un beau cantique appelé *Cantique angélique* (a), parce qu'il commence par les paroles que les anges chantèrent à la naissance de Jésus-Christ.

D. Qu'est-ce qui a terminé le *Gloria in excelsis?*

197. — R. Pour terminer le *Gloria in excelsis*, les Apôtres ajoutèrent le reste du texte depuis *Laudamus te* jusqu'à la fin.

Exemple.

Gloria in excelsis DES DOUBLES DE IIe CLASSE, N° 2.

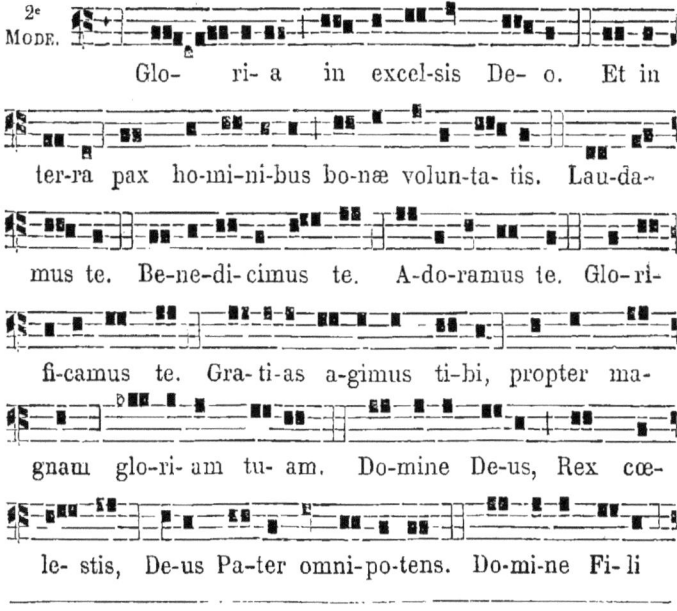

(a) On l'appelle aussi *hymne angélique.*

— 96 —

uni-ge-ni-te, Je-su Chri-ste. Do-mi-ne De-us, Agnus De-i, Fi-li-us Pa-tris. Qui tol-lis pecca-ta mundi, mi-se-re-re no-bis. Qui tol-lis pecca-ta mundi, sus-ci-pe depre-ca-ti-o-nem no-stram. Qui se-des ad dex-te-ram Pa-tris, mi-se-re-re no-bis. Quo-ni-am tu so-lus Sanctus. Tu solus Do-mi-nus. Tu so-lus Al-tis-simus, Je-su Chri-ste. Cum sancto Spi-ri-tu in glo-ri-a De-i Pa-tris. A-men.

LEÇON SEPTIÈME.

DU GRADUEL.

D. Qu'est-ce que le *Graduel*?

198. — R. Le *Graduel* est un répons qu'on chante après l'épître.

D. Pourquoi ce répons est-il ainsi appelé?

199. — R. Ce répons est appelé *Graduel*, parce qu'on le chantait autrefois devant les degrés de l'autel et sur les degrés mêmes de l'autel les jours de fête.

D. Quel est le caractère du *Graduel* ?

200. — R. Guillaume Durand (*a*) nous l'apprend : « Comme les enfants d'Israël se sont avancés de demeure en demeure, nous nous dirigeons péniblement vers la Jérusalem céleste. Aussi agissent-ils avec discernement, ceux qui chantent le *Graduel* non avec les accents de fête et de cantilènes mélodieuses, mais comme un chant grave et dont la rudesse est tempérée par une sorte de simplicité plaintive. »

D. De combien de parties le *Graduel* est-il composé ?

201. — R. Le *Graduel* est composé de trois parties, sans compter l'intonation qui est faite par ceux qui doivent chanter le *verset*. — La première partie s'étend jusqu'au *verset* et est chantée par le chœur ; la seconde commence au *verset*, qui est chanté ordinairement par deux ou par quatre choristes, et finit à la *double barre*, qui indique la reprise du chœur. Les phrases des *Graduels*, des *Alleluia* (203) et des *Traits* (205) sont suivies de *Neumes* (*b*), qui leur donnent un caractère distinct des autres morceaux de la liturgie.

D. Que remarque-t-on encore de particulier dans les *Graduels* ?

202. — R. La première partie des *Graduels* appartient souvent à un mode plagal, tandis que le *verset* appartient à un mode authentique, et *vice versa*.

1ᵉʳ Exemple.

Graduel DE LA CIRCONCISION DE N. S. J. C.

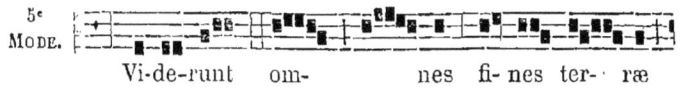

Vi-de-runt om- nes fi-nes ter- ræ

(*a*) Dominicain, mort en 1335.
(*b*) Série de sons inarticulés (vocalisation où il ne faut, comme on l'a déjà dit, prononcer la consonne qui finit le mot que sur la dernière note du *neume*.

— 98 —

2ᵉ Exemple.

Graduel DU DIMANCHE DE LA PASSION.

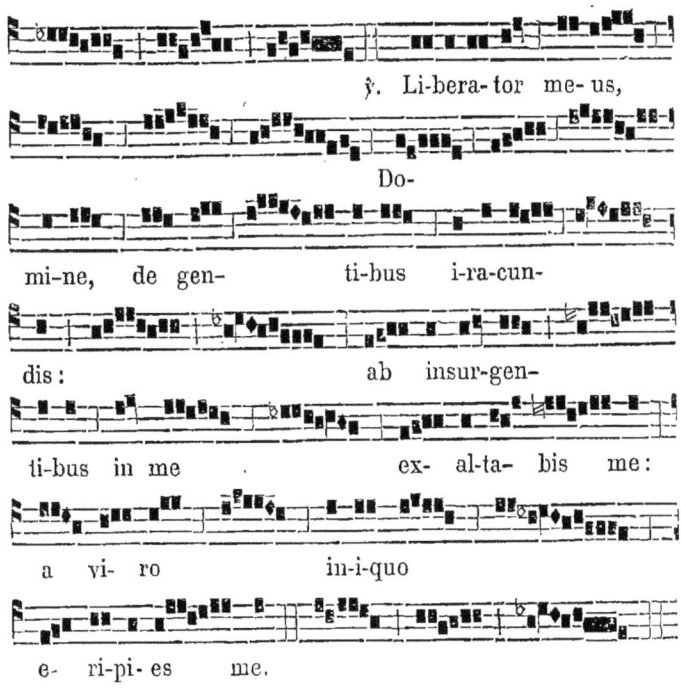

℣. Li-be-ra-tor me- us, Do-mi-ne, de gen-ti-bus i-ra-cun-dis: ab in-sur-gen-ti-bus in me ex- al-ta- bis me: a vi- ro in-i-quo e- ri-pi- es me.

LEÇON HUITIÈME.

DE L'ALLELUIA.

D. Qu'est-ce que l'*Alleluia* ?

203. — R. L'*Alleluia* est un mot hébreu qui signifie *louez Dieu*, ou *louez le Seigneur*.

D. Quand chante-t-on l'*Alleluia* ?

204. — R. On chante l'*Alleluia* après le *Graduel*, depuis Pâques jusqu'à la Septuagésime, et le chœur le répète. La division de l'*Alleluia* est la même que celle du *Graduel*, mais le chant est bien différent, car c'est un chant de joie qui succède à un chant de tristesse. L'*Alleluia* remplace le *Graduel* pendant le Temps Pascal. Le chœur répète le premier seulement. L'un et l'autre sont suivis d'un *verset*, comme le *Graduel*.

Alleluia.

(Graduel, page 45).

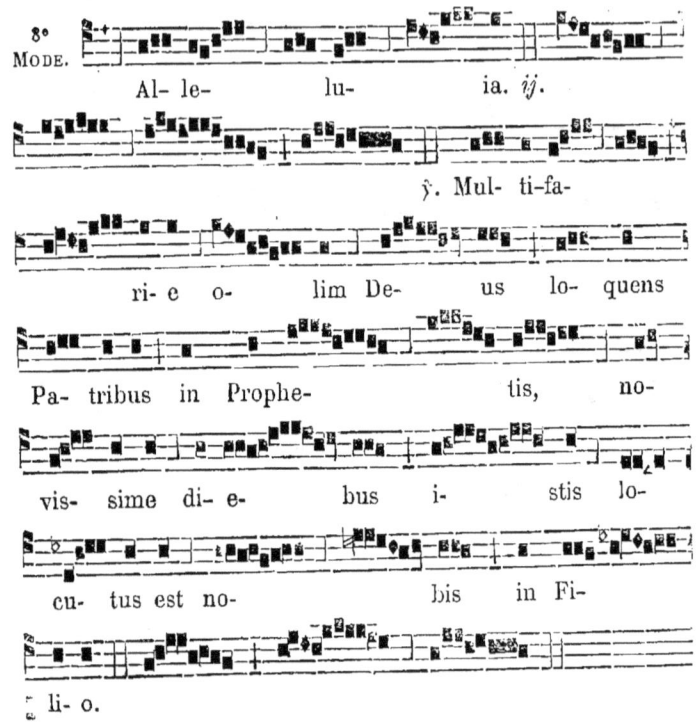

8° MODE. Al- le- lu- ia. *ij.*

ỹ. Mul- ti-fa- ri- e o- lim De- us lo- quens Pa- tribus in Prophe- tis, no- vis- sime di- e- bus i- stis lo- cu- tus est no- bis in Fi- li- o.

Autre Alleluia.

(Graduel, page 195).

4° MODE. Al- le- lu- ia. *ij.*

ỹ. A-scendit De- us in ju- bi- la- ti- o- ne, et Do- mi-nus

LEÇON NEUVIÈME.

DU TRAIT.

D. Qu'appelle-t-on *Trait* ?

205.—R. On appelle *Trait* plusieurs versets de psaume qui se chantent (*a*), depuis la Septuagésime jusqu'à la veille de Pâques, entre le *Graduel* et l'*Evangile*, à la place de l'*Alleluia*. C'est une sorte de psalmodie *lente* et *triste* qui offre des médiations et des terminaisons chargées de notes. Le *Trait* doit être chanté par quatre chantres se succédant deux à deux, et

---

(a) En temps de pénitence et aux offices des morts.

— 102 —

le chœur chante le *Neume ;* il n'y a que le Trait *Domine, non secundum* ci-après qui fait exception.

D. Les *Traits* sont-ils composés de différents modes?

206. — R. Les *Traits* sont tous composés du 2e et du 8e mode, qui rendent mieux que les autres l'expression propre à ce morceau.

Exemples.

Trait. — (*Graduel*, page 97.)

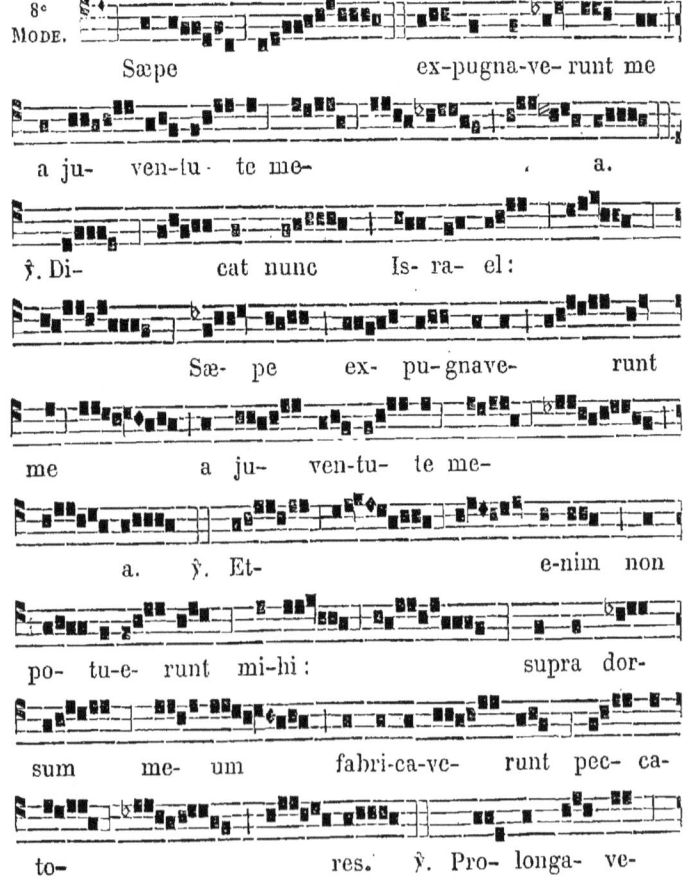

runt in-i-quita-tes su-as: Do-minus ju-stus con- ci-dit cer-vi- ces pec- ca-torum.

Autre Trait.

(*Graduel*, page 74).

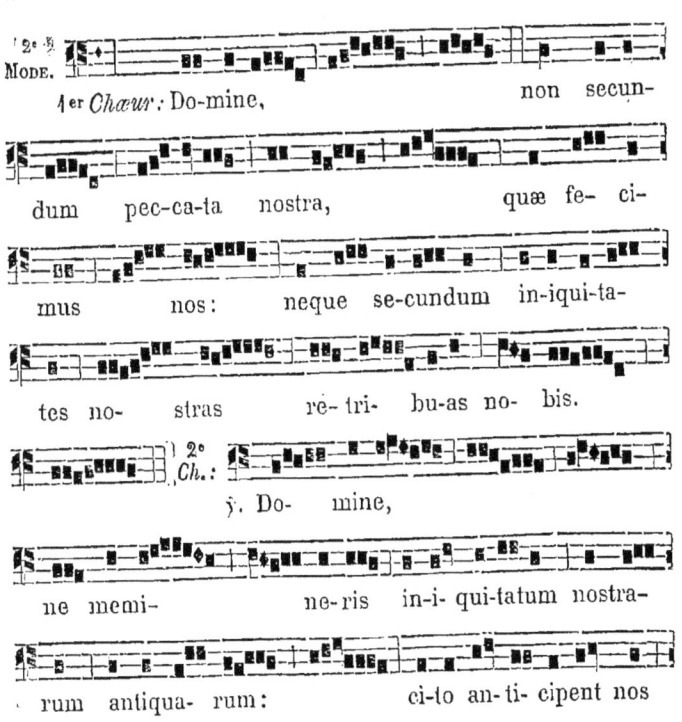

1er *Chœur*: Do-mine, non secun-dum pec-ca-ta nostra, quæ fe- ci-mus nos: neque se-cundum in-iqui-ta-tes no- stras ré- tri- bu-as no- bis. 2° *Ch.*: ℣. Do- mine, ne memi- ne-ris in-i- qui-tatum nostra- rum antiqua- rum: ci-to an-ti- cipent nos

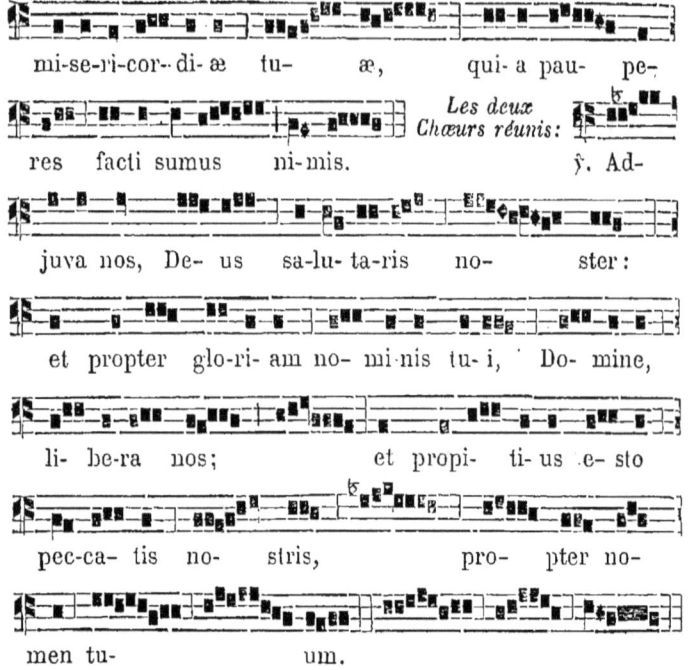

LEÇON DIXIÈME.

DU CREDO.

D. Qu'appelle-t-on *Credo* ?

207. — R. On appelle *Credo*, le Symbole (a) ou la réunion des principaux articles de notre foi.

D. Quand chante-t-on le *Symbole* ?

208. — R. On chante le *Symbole de Nicée* après l'*Evangile*. Ce chant du *Credo* (Symbole de Nicée) appartient à la plus haute antiquité chrétienne.

(a) Il y en a trois : le *Symbole des Apôtres*, qu'on récite matin et soir ; le *Symbole de Nicée*, qu'on chante après l'Evangile, et le *Symbole de saint Athanase*, qu'on récite à **Prime** du dimanche : c'est la même profession de foi.

D. Que remarquez-vous dans le chant du *Credo*?

209.— R. Il est à remarquer que le *Credo*, comme tous les chants les plus anciens, sont les plus simples, et que leur mélodie ne se compose que de quelques notes. Tels sont ceux de la *Préface*, du *Pater*, de l'*Exultet*, etc. On se gardait bien alors de détourner les esprits du sens des paroles par des mélodies trop accusées.

Exemple.

Credo DES DOUBLES DE IIe CLASSE, N° 2.

et propter nostram sa-lu-tem, des-cendit de cœ-lis.

Et in-carna-tus est de Spi-ri-tu san-cto ex Ma-

ri- a Vir-gi-ne : Et Homo factus est. Cru-ci-fi-

xus e-ti-am pro no-bis : sub Pon-ti-o Pi-la-to

pas-sus, et se-pultus est. Et re-surre-xit ter-

ti- a di- e, se-cundum Scri-ptu-ras. Et a-scendit

in cœ-lum : sedet ad dex-teram Pa-tris. Et i-te-

rum ven-tu-rus est cum glo-ri- a, ju-di-ca-re vi-

vos et mor-tu-os : cujus regni non e-rit fi-nis.

Et in Spi-ri-tum san-ctum, Do-minum et vi-vi-fi-

cantem : qui ex Patre Fi-li-oque pro-ce-dit. Qui

cum Patre et Fi-li- o si-mul a-do-ra-tur et con-

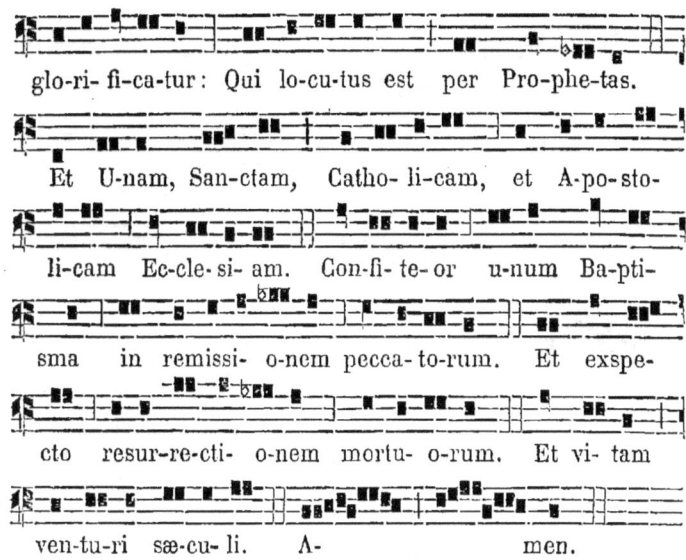

glo-ri-fi-ca-tur: Qui lo-cu-tus est per Pro-phe-tas. Et U-nam, San-ctam, Catho-li-cam, et A-po-sto-li-cam Ec-cle-si-am. Con-fi-te-or u-num Bapti-sma in remissi-o-nem pecca-to-rum. Et exspe-cto resur-re-cti-o-nem mortu-o-rum. Et vi-tam ven-tu-ri sæ-cu-li. A- men.

LEÇON ONZIÈME.

DE L'OFFERTOIRE (a).

D. Qu'est-ce que l'*Offertoire?*

210. — R. L'*Offertoire* est une *antienne* un peu chargée de notes, qu'on chante lentement et gravement, comme étant la plus solennelle de l'office. On proportionnera cependant le mouvement au degré de solennité du dimanche ou de la fête qu'on célèbre.

NOUS DONNERONS POUR EXEMPLES LES TROIS *Offertoires* SUIVANTS:

1er Exemple.

(*Graduel*, page 98).

1er MODE. Con-fi-te-bor ti-bi, Do- mine,

(a) Après le chant du *Symbole* a lieu celui de l'*Offertoire*.

— 108 —

in to- to cor-de me- o : retri-bu- e ser- vo tu- o : vi- vam, et cu-sto- di- am ser-mo- nes tu- os : vi-vi- fi-ca me secun- dum ver-bum tu-um, Do- mi-ne.

2ᵉ Exemple.

(*Graduel*, page 249).

5ᵉ Mode. Re-ges Thar-sis et in-su-læ mu- ne-ra of- fe-rent : Re-ges A- ra-bum et Saba do- na addu-cent ; et a- do- ra- bunt e- um om-nes Re- ges ter- ræ : om- nes Gen- tes ser- vi- ent e- i.

3ᵉ Exemple.

(*Graduel*, page 748).

PENDANT LES ENCENSEMENTS ON POURRA CHANTER :

(*a*) Lorsque deux notes se trouvent l'une sous l'autre directement, c'est au chantre à choisir celle qu'il veut exécuter.

— 110 —

ainsi après chaque ℣. *du* Psaume *que le chantre continue en reprenant l'intonation.*

Elevátio mánuum meárum, * sacrifícium vespertínum.

Pone, Dómine, custódiam ori meo : * et óstium circumstántiæ lábiis meis.

Quia ad te, Dómine, Dómine, óculi mei ; * in te sperávi, non áuferas ánimam meam.

Glória Patri, etc.

LEÇON DOUZIÈME.

DU SANCTUS.

D. Quand chante-t-on le *Sanctus?*

211.—R. Après le chant du *Credo,* ceux de l'*Offertoire,* des versets de la *Préface* (224), de la *Préface* elle-même par le célébrant, on chante le *Sanctus.*

D. Comment doit-il être chanté?

212.—R. Le *Sanctus* doit être chanté très-solennellement. On devrait le chanter en deux chœurs, parce que les louanges de la terre y succèdent dans le texte à celles des Anges; mais il faudrait que le second chœur ne reprît qu'à l'*Hosanna.* Les paroles qui précèdent appartiennent aux Séraphins (*a*), et les autres à ceux qui accompagnaient notre Seigneur le jour de son entrée triomphante à Jérusalem (*b*).

Exemple.

Sanctus DES DOUBLES DE IIᵉ CLASSE, Nº 2.

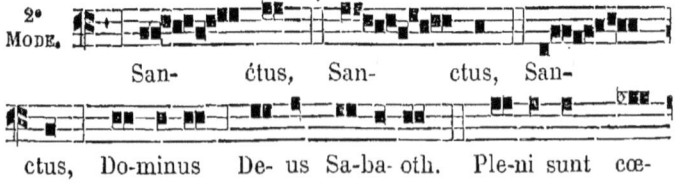

(*a*) *Isaïe,* chap. VIᵉ.
(*b*) *S. Matthieu,* XXI.

li et ter-ra glo-ri-a tu- a: Ho-sanna in ex-cel-sis.

On ne doit rien chanter pendant l'élévation de l'Hostie et celle du Calice.

Après l'élévation du Calice, on pourra chanter *O salutaris*, sans ajouter la dernière strophe (a).

2º MODE. O sa-lu-ta-ris Ho-sti-a, Quæ cœ-li pan-dis o-sti-um; Bella premunt ho-sti-li-a, Da robur, fer au-xi-li-um. *ij*. A- men.

Après la Consécration.

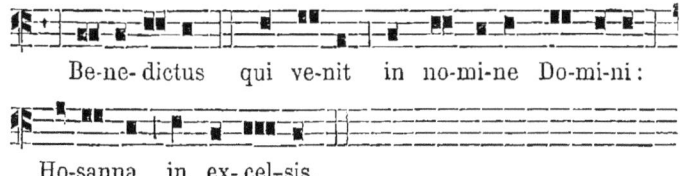

Be-ne-dictus qui ve-nit in no-mi-ne Do-mi-ni: Ho-sanna in ex-cel-sis.

LEÇON TREIZIÈME.

DE L'AGNUS DEI.

D. Comment doit-on chanter l'*Agnus*?

213. — R. L'*Agnus Dei* est chanté trois fois (b) après le *Pater* et les paroles suivantes : *Pax Domini sit semper vobiscum.* ℟. *Et cum Spiritu tuo* (227).

(a) On chante ensuite *Benedictus*. (*Directoire*, page 40, nº 19. 1862).

(b) On ajouta à la fin du dernier *Agnus* les mots *da nobis pacem* à la place de *miserere nobis*, vers la fin du XIIᵉ siècle, à cause des maux qui désolaient l'Eglise.

— 112 —

D. Quelle remarque avez-vous à faire sur le chant des parties de la messe dont nous venons de parler?

214. — R. Le chant des parties de la messe dont nous venons de parler est d'un usage commun. La classe du dimanche ou de la fête étant connue, on prend le chant des *Kyrie, Gloria, Credo, Sanctus* et *Agnus* qui lui correspond.

Exemple.

Agnus DES DOUBLES DE IIe CLASSE, N° 2.

PENDANT LA COMMUNION DES FIDÈLES :

Cálicem salutáris accípiam, * et nomen Dómini invocábo.

Vota mea Dómino reddam in conspectu omnis pópuli ejus ; * pretiósa in conspectu Dómini mors sanctórum ejus.

(a) Je conseille toujours de choisir, autant que possible, le chant des *Dirigatur....*, *O salutaris....*, *Quid retribuam....*, etc., du même mode que la pièce de chant que l'on vient de terminer. C'est l'ordre que nous avons suivi pour cette messe.

— 113 —

O Dómine, quia ego servus tuus ; * ego servus tuus, et fílius ancíllæ tuæ.

Dirupísti víncula mea ; * tibi sacrificábo hóstiam laudis, et nomen Dómini invocábo.

Vota mea Dómino reddam in conspéctu omnis pópuli ejus ; * in átriis domus Dómini, in médio tui, Jerúsalem.

Glória Patri, etc.

Autre Chant.

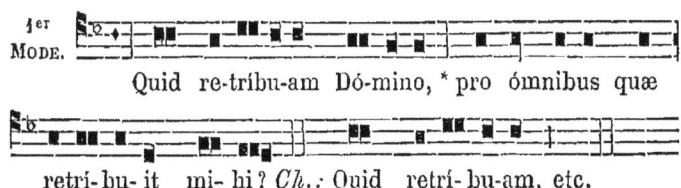

LEÇON QUATORZIÈME.

DE LA COMMUNION.

D. Quand chante-t-on la *Communion* ?

215. — R. La *Communion* (a) se chante après l'*Agnus*, immédiatement après la *communion* du peuple.

D. Qu'est-ce que ce chant, appelé *Communion* ?

216. — R. Ce chant est une *antienne* d'un caractère grave et recueilli, et ordinairement peu chargée de notes. Cette antienne commence la dernière partie de la messe qu'on appelle l'*action de grâces*.

NOUS DONNONS CI-APRÈS QUELQUES EXEMPLES DE *Communions* :

1er Exemple.

(*Graduel*, page 639).

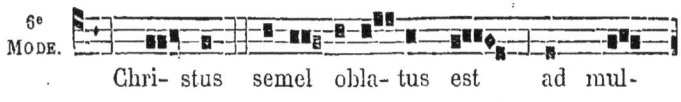

(a) Les *Communions*, les *Offertoires*, *Graduels*, etc., se nomment le Propre de la Messe.

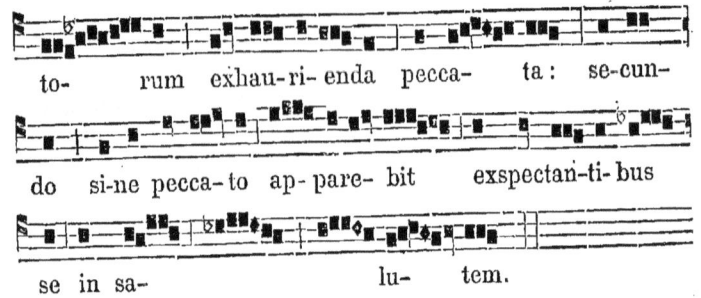

2° Exemple.

(*Graduel*, page 696).

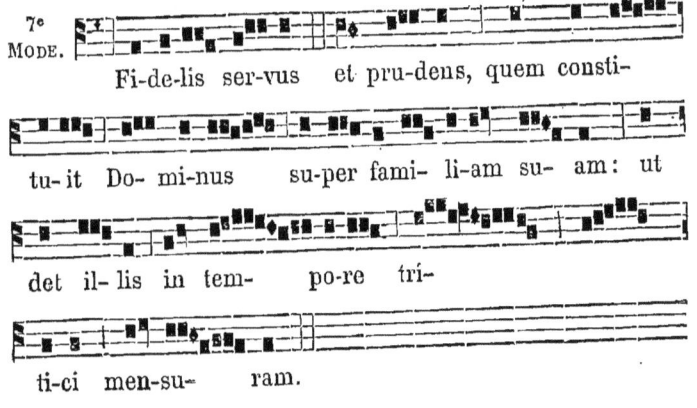

3° Exemple.

(*Graduel*, page 628).

vi- as e- jus.

APRÈS LA COMMUNION.

Prière pour le Souverain.

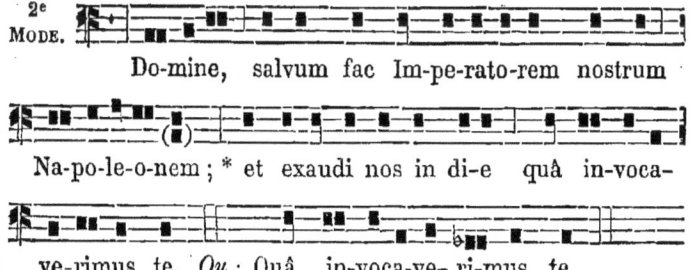

Do-mine, salvum fac Im-pe-rato-rem nostrum Na-po-le-o-nem; * et exaudi nos in di-e quâ in-voca-ve-rimus te. *Ou :* Quâ in-voca-ve-ri-mus te.

LEÇON QUINZIÈME.

DE L'ITE, MISSA EST.

D. Qu'est-ce que l'*Ite, Missa est?*

217. — R. L'*Ite, Missa est* est une annonce au peuple que la Messe est finie.

D. Comment se chante l'*Ite, Missa est?*

218. — R. L'*Ite, Missa est* se chante ordinairement sur le chant de l'un des *Kyrie*. Lorsqu'on ne chante pas le *Gloria in excelsis*, on remplace l'*Ite, Missa est* par : *Benedicamus Domino*, et aux Messes des défunts on dit *Requiescant in pace* (253).

Exemple.

Ite, Missa est DES DOUBLES DE IIe CLASSE, N° 2.

I- te, Mis-sa est.
℟. De- o gra- ti- as.

LEÇON SEIZIÈME.

ORDINAIRE DE L'OFFICE.

219. — 1° CHANT DES VERSETS QUI SONT DITS PAR LE CÉLÉBRANT.

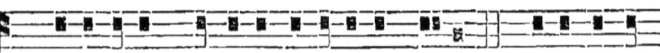

℣. Di-ri-gatur, Do-mine, o-ra-ti-o me-a. ℟. Si-cut incen-

sum in conspectu tu-o.

220. — *Si le Verset se termine par un mot dont la pénultième soit brève, on abaisse à la tierce les deux dernières syllabes, de cette manière :*

℣. Adju-to-ri-um nostrum in nomi-ne Do-mi-ni.

221. — *Lorsque le dernier mot du Verset est un monosyllabe ou un mot hébreu, on les chante de la manière suivante :*

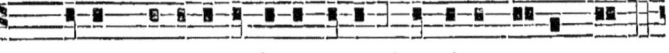

℣. Fi-at mi-se-ri-cordi-a tu-a, Do-mine super nos :

℟. Quemadmodum spe-ra-vimus in te.

§ Ier

222. — 2° CHANT DU *Benedicamus Domino*, A LA PROCESSION.

℣. Bene-di-camus Do-mi-no. ℟. De-o gra-ti-as.

§ II

223. — 3° Chant des leçons avant ou pendant la messe.

In princi-pi- o cre- avit De-us cœ-lum et ter-ram.

Aux monosyllabes et aux mots hébreux :

Fi-at lux. Et facta est lux. Je-ru-sa-lem.

Aux points d'interrogation :

Quid vis, fi-li ? U-bi est victi-ma ho-locausti ?

Terminaison :

... ab u-ni-verso o-pere quod pa-tra-rat. *Ou :* Quod patra-rat.

§ III

223 *bis.* 4° Chants divers pendant la messe.

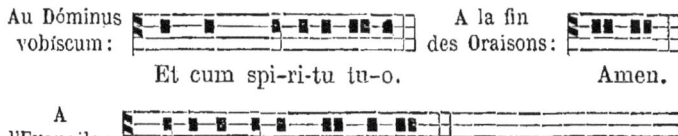

Au Dóminus vobíscum :

Et cum spi-ri-tu tu-o.

A la fin des Oraisons :

Amen.

A l'Evangile :

Glo-ri- a ti-bi, Do-mi-ne.

§ IV

224. 5° Répons de la préface.

Chant festival ou solennel.

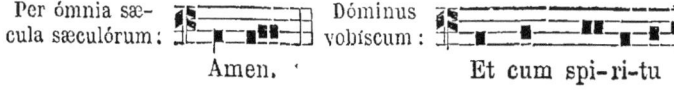

Per ómnia sæ-cula sæculórum :

Amen.

Dóminus vobíscum :

Et cum spi-ri-tu

— 118 —

Sursum corda: Habemus ad Dominum.

tu- o.

Grátias agámus Dómino Deo nostro: Dignum et justum est.

§ V

225. CHANT FÉRIAL.

Per ómnia sæcula sæculórum: Amen. Dóminus vobíscum: Et cum spi-ri-tu

Sursum corda: Habemus ad Dominum.

tu- o.

Grátias agámus Dómino Deo nostro: Dignum et justum est.

§ VI

226. 6° RÉPONS DU *Pater*.

Per ómnia sæcula sæculórum: Amen. ... in tentatiónem: Sed li-be-ra nos

a ma- lo.

§ VII

227. 7° RÉPONS DE *Pax Domini*.

Per ómnia sæcula sæculórum: Amen. ... sit semper vobíscum: Et cum spi-ri-tu

tu- o.

LEÇON DIX-SEPTIÈME.

228. — CHANT DU *Gloria Patri* A L'INTROÏT, SELON LES DIFFÉRENTS MODES.

1ᵉʳ MODE.

Glo-ri-a Patri, et Fi-li-o, et Spi-ri- tu- i san-

cto : * Si- cut e-rat in prin-ci-pi-o, et nunc et sem-

per, et in sæ-cula sæcu- lorum. A-men.

229. § Iᵉʳ

2ᵉ MODE.

Glo-ri-a Patri, et Fi-li-o, et Spi- ri- tu- i

san- cto : * Si-cut e-rat in prin-ci-pi- o, et nunc, et sem-

per, et in sæ-cula sæ-cu-lo-rum. A- men.

230. § II

3ᵉ MODE.

Glo-ri-a Patri, et Fi-li- o, et Spi-ri-tu-i san-

cto : * Si-cut e-rat in prin-ci-pi-o, et nunc, et sem-

per, et in sæ-cula sæ-cu- lo- rum. A-men.

231.   § III

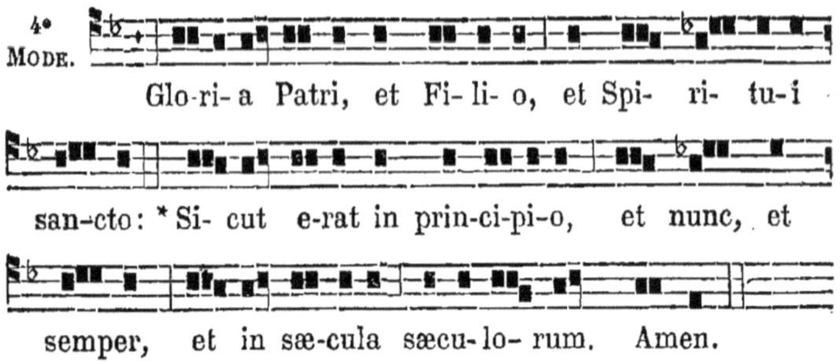

4ᵒ Mode.

Glo-ri-a Patri, et Fi-li-o, et Spi- ri- tu-i san--cto: * Si- cut e-rat in prin-ci-pi-o, et nunc, et semper, et in sæ-cula sæcu- lo- rum. Amen.

232.   § IV

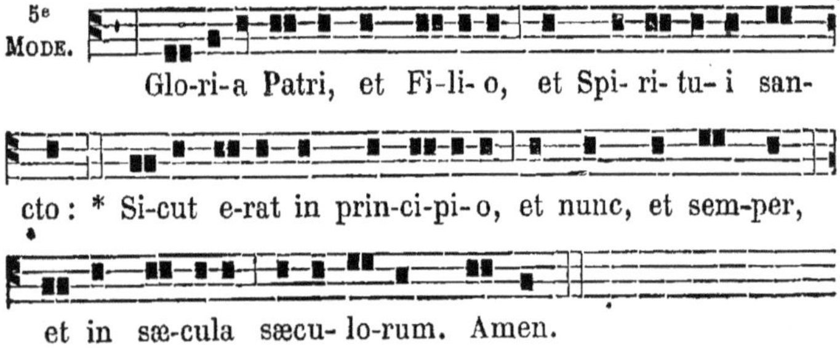

5ᵉ Mode.

Glo-ri-a Patri, et Fi-li- o, et Spi- ri- tu- i san--cto : * Si-cut e-rat in prin-ci-pi- o, et nunc, et sem-per, et in sæ-cula sæcu- lo-rum. Amen.

233.   § V

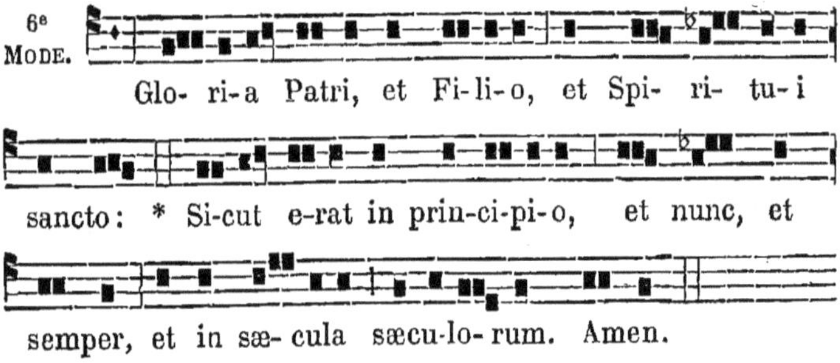

6ᵉ Mode.

Glo- ri- a Patri, et Fi-li-o, et Spi- ri- tu-i sancto: * Si-cut e-rat in prin-ci-pi-o, et nunc, et semper, et in sæ- cula sæcu-lo- rum. Amen.

234.   § VI

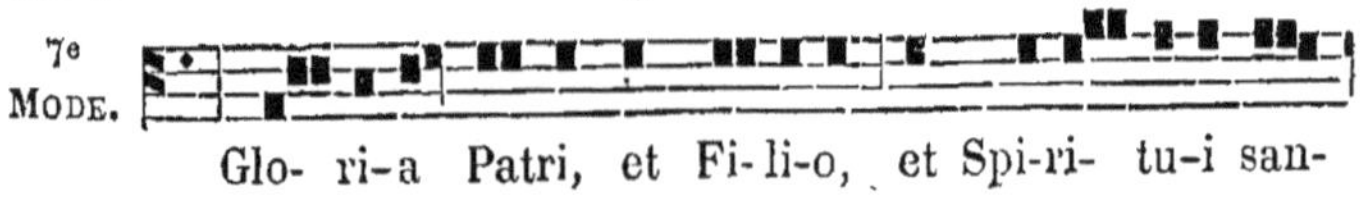

7ᵉ Mode.

Glo- ri- a Patri, et Fi-li-o, et Spi-ri- tu-i san-cto : * Si- cut e-rat in prin-ci-pi-o, et nunc, et sem-per, et in sæ-cula sæcu- lorum. A- men.

235. § VII

8ᵉ MODE.

Glo-ri-a Patri, et Fi-li-o, et Spi- ri- tu- i san-cto : * Si-cut e-rat in prin-ci-pi- o, et nunc, et sem-per, et in sæ-cula sæ-cu- lo- rum. Amen.

LEÇON DIX-HUITIÈME.

236. — CHANT DES *Ite, Missa est* ET *Benedicamus* DE CHAQUE TEMPS.

AUX DOUBLES DE 1ʳᵉ CLASSE. — Nº 1ᵉʳ.

1ᵉʳ MODE.

I- te,   Missa est.
℟. De-   o   gra-ti-as.

237. § Iᵉʳ

AUX DOUBLES DE 1ʳᵉ CLASSE. — Nº 2.

6ᵉ MODE.

I- te,   Mis-sa est.
℟. De-   o   gra-ti- as.

— 122 —

238. § II

AUX DOUBLES DE 2ᵉ CLASSE (*les Fêtes de la Sainte Vierge exceptées*). — Nº 1ᵉʳ.

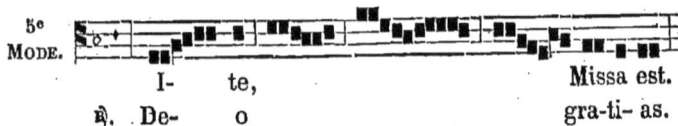

5ᵉ MODE.
I- te,   Missa est.
℟. De- o   gra-ti- as.

239. § III

AUX DOUBLES DE 2ᵉ CLASSE (*les Fêtes de la Sainte Vierge exceptées*). — Nº 2.

2ᵉ MODE.
I- te,   Missa est.
℟. De- o   gra-ti- as.

240. § IV

AUX FÊTES DE LA SAINTE VIERGE. (*Doubles de 2ᵉ classe et doubles-majeures*).

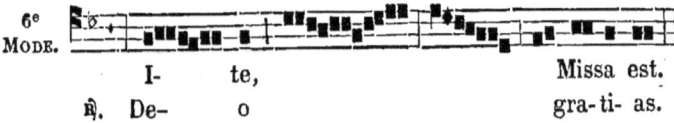

6ᵉ MODE.
I- te,   Missa est.
℟. De- o   gra-ti- as.

241. § V

AUX FÊTES DOUBLES-MAJEURES. (*Les Fêtes de la Sainte Vierge exceptées*).

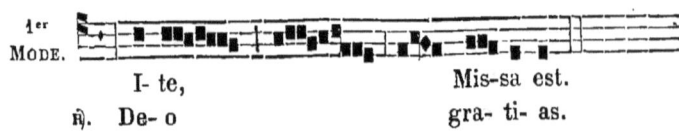

1ᵉʳ MODE.
I- te,   Mis-sa est.
℟. De- o   gra- ti- as.

242. § VI

AUX FÊTES DOUBLES. — N° 1er.

(*Hors le Temps Pascal, et les Fêtes de la Sainte Vierge exceptées*).

8e MODE.

      I- te,   Mis-sa est.
℟. De- o   gra- ti- as.

243. § VII

AUX FÊTES DOUBLES. — N° 2.

(*Hors le Temps Pascal, et les Fêtes de la Sainte Vierge exceptées*).

8e MODE.

      I-   te,   Missa est.
℟. De-   o   gra- ti- as.

244. § VIII

AU TEMPS PASCAL. (*Fêtes doubles et dimanches*).

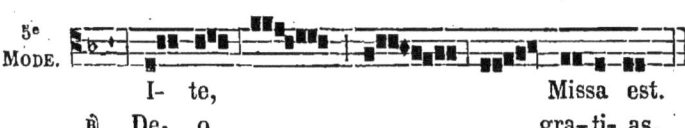

5e MODE.

      I- te,   Missa est.
℟. De- o   gra- ti- as.

245. § IX

AUX DIMANCHES ORDINAIRES. (*Hors le Temps Pascal*).

1er MODE.

      I-   te,   Mis- sa est.
℟. De-   o   gra- ti- as.

246. § X

AUX DIMANCHES DE L'AVENT,

ET DEPUIS LA SEPTUAGÉSIME JUSQU'AU 4ᵉ DIMANCHE DE CARÊME.

1ᵉʳ Mode. Benedica- mus Do- mi-no.
℟. De- o gra- ti- as.

247. § XI

AUX DIMANCHES DE LA PASSION ET DES RAMEAUX.

2ᵉ Mode. Be-ne- di-ca-mus Do- mi-no.
℟. De- o gra- ti- as.

248. § XII

AUX MESSES DU SAINT SACREMENT. (*Doubles et semidoubles*).

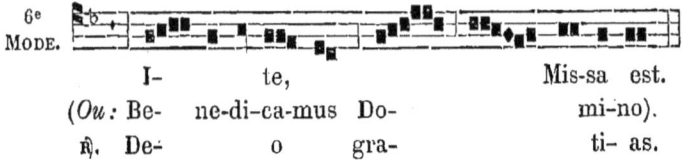

6ᵉ Mode. I- te, Mis-sa est.
(*Ou:* Be- ne-di-ca-mus Do- mi-no).
℟. De- o gra- ti- as.

249. § XIII

AUX MESSES DE LA SAINTE VIERGE. (*Doubles et semidoubles*).

1ᵉʳ Mode. I- te, Mis-sa est.
(*Ou:* Be-ne-di-ca-mus Do- mi-no).
℟. De- o gra- ti- as.

250.

§ XIV
AUX SEMIDOUBLES ET AUX SIMPLES.

(*Excepté aux messes du Saint-Sacrement et de la Sainte Vierge*).

6ᵉ MODE.

I- te, Mis-sa est.
℟. De- o gra- ti- as.

(*Ou:* Be-ne-di-camus Do- mi-no).

251.

§ XV
AUX FÉRIES.

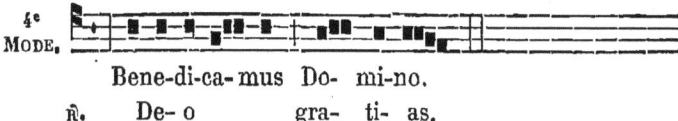

4ᵉ MODE.

Bene-di-ca-mus Do- mi-no.
℟. De- o gra- ti- as.

252.

§ XVI
MESSE *ad libitum* POUR LES FÊTES SOLENNELLES.

5ᵉ MODE.

I- te,
℟. De- o

Missa est.
gra-ti- as.

253.

§ XVII
POUR LES DÉFUNTS.

Requi- escant in pa- ce. ℟. Amen.

Avant de passer à la Psalmodie, nous donnerons quelques règles sur la manière de lire et de prononcer le latin, car pour bien psalmodier il faut bien lire, et l'on ne peut bien lire sans avoir appris les principes de la prononciation des lettres.

LEÇON DIX-NEUVIÈME.

DE LA PRONONCIATION DU LATIN

TELLE QU'ELLE EST USITÉE EN FRANCE (a).

D. Quelles sont les règles de la prononciation du latin?

254. — R. En France, les règles pour la prononciation du latin sont les mêmes, en général, que pour la prononciation du français ; celles que nous donnons ici doivent être considérées comme des exceptions.

§ Ier

DES VOYELLES.

D. Comment doit-on prononcer l'*e* en latin?

255. — R. L'*e*, avec ou sans accent, se prononce, en général, comme *é* fermé. Exemples : *Edere, benedicere;* prononcez : *Édéré, bénédicéré* (69).

D. Quelle est la prononciation de l'*e* suivi d'une consonne?

256. — R. L'*e* suivi d'une consonne, dans la même syllabe, se prononce comme *è* ouvert. Exemples : *Avertet, piger, lumen, vestes;* prononcez : *Avèrtèt, pigèr, lumèn, vèstès* (69).

D. Comment prononce-t-on l'*e* suivi de *m* ou *n*?

257. — R. L'*e* suivi de *m* ou *n* ne se prononce jamais *an*, comme dans les mots français *emblème, envie, Orient;* mais il se prononce toujours *ain*. Exemples : *Emblema, tendens, Oriens;* prononcez : *Ainbléma, taindains, Oriains* (69).

(a) Il sera bon que les enfants apprennent ces règles par cœur.

D. Quelle est la prononciation de l'*o* devant l'*s* finale?

258.—R. L'*o* devant *s* finale se prononce comme *o* avec un accent circonflexe. Exemples: *Nos, vos, tuos, meos, oculos;* prononcez: *Nôs, vôs, tuôs, meôs, oculôs.*

D. Quelle est la prononciation de l'*u* suivi de *m* ou *n?*

259. — R. L'*u* suivi de *m* ou *n*, dans la même syllabe, se prononce comme *o*. Exemples: *Mundum, tum, defunctum;* prononcez: *Mondom, tom, défonctom;* excepté dans les mots suivants, où il se prononce comme *Eu, Hunc, nunc, tunc;* prononcez: *Heunc, neunc, teunc.*

D. Comment doit-on prononcer *æ* et *œ* formant diphthongues?

260. — R. *Æ, Œ* formant diphthongues se prononcent comme *é* fermé. Exemples: *Ægræ, cœnæ, pœnæ;* prononcez: *Égré, céné, péné.*

D. Comment faut-il prononcer *ou*, en latin?

261.—R. *Ou*, dans le latin, ne forme jamais diphthongue; il faut donc toujours prononcer séparément ces deux voyelles. Exemples: *Boum, heroum;* prononcez: *Bo-um, héro-um.*

D. Quelle est la valeur de l'*y?*

262. — R. L'*y* n'a la valeur que d'un seul *i*, et par conséquent se prononce comme cette voyelle simple. Exemples: *Tyria, Mo-y-si;* prononcez: *Tiria, Mo-isi.*

§ II

DES CONSONNES.

D. Quelle est la prononciation des consonnes finales?

263.—R. Toutes les consonnes finales se prononcent comme si elles étaient suivies d'un *e* muet. Exemples: *Adam, non, in, at, alternans, subreptum;* prononcez: *Adame, none, ine, ate, alternanse, subreptome.*

D. Quel est le son de l'*h*, en latin?

264. — R. L'*h* n'est jamais aspirée, en latin, et par conséquent ne se fait point sentir. Exemples: *Trahi, homo;* prononcez comme s'il n'y avait pas d'*h*: *Tra-i, omo.*

D. Comment se prononce *ch*?

265. — R. *Ch* se prononce toujours comme *k*. Exemples: *Charta, Michaeli, Archangelo;* prononcez: *Karta, Mikaeli, Arkangélo.*

D. Quelle est la prononciation de *gn*?

266. — R. *Gn* se prononce toujours fortement, et ne se mouille jamais, comme cela a lieu dans les mots français *agneau, magnifique*. Exemples: *Agnus, magnificat;* prononcez: *Aguenus, maguenificat.*

D. Comment doit-on prononcer *gu*, précédé de *n* et suivi de *a*?

267. — R. *Gu* précédé de *n* et suivi de *a* se prononce comme *gou*. Exemples: *Lingua, unguam;* prononcez: *Lingoua, ungouam.*

D. Quelle est la prononciation de *gu*, précédé de *n* et suivi de *o*?

268. — R. *Gu* précédé de *n* et suivi de *o* se prononce comme *g*. Exemples: *Languore, distinguo;* prononcez: *Langoré, distingo.*

D. Quelle est, en général, la prononciation du *gu*?

269. — R. *Gu*, excepté dans les deux cas précédents, conserve toujours la prononciation qui lui est propre: *Gálaad, Angeli, Virgines, Synagoga, Fulgura.*

D. Comment se prononce *ill*?

270. — R. *Ill* se prononce toujours fortement, et n'est jamais mouillée, comme cela a lieu dans les mots français *fille, famille*. Exemples: *Illius, favilla;* prononcez, en appuyant fortement sur les deux *ll: Illius, favil-la.*

D. Quelle est la prononciation de *qu* suivi de *a*?

271. — R. *Qu* suivi de la voyelle *a* se prononce comme *kou*. Exemples: *Aqua, quanquam,* prononcez: *Akoua, kouankouam.*

D. Comment se prononce *qu*, suivi de *o* ou *u*?

272. — R. *Qu* suivi des voyelles *o, u*, se prononce comme *k*. Exemples: *Quomodo, quotidie, equus;* prononcez: *Komodo, kotidié, ékus.*

D. Quelle est la prononciation de *qu* suivi des voyelles *e*, *i*?

273.—R. *Qu* suivi des voyelles *e*, *i*, se prononce comme *ku*. Exemples : *Que, querela, quilibet* ; prononcez : *Kué, kuéréla, kuilibet*.

D. Quel est le son de *ti* précédé de *s* ou *x*, et suivi d'une voyelle dans le même mot?

274.—R. *Ti* précédé de *s* ou *x*, et suivi d'une voyelle dans le même mot, conserve le son dur qui lui est propre. Exemples : *Mixtio, ostium, christiani* ; prononcez fortement le *t* : *Mixtio, ostium, christiani*.

D. Comment se prononce *ti* dans tout autre cas?

275. — R. *Ti*, dans tout autre cas que dans le cas précédent, suivi d'une voyelle dans le même mot, se prononce comme *ci*. Exemples : *Initiatio, satietas, citius* ; prononcez : *Iniciacio, saciétas, cicius*.

§ III
ACCENTUATION.

D. Pourquoi se trouve-t-il quelquefois un accent aigu sur les voyelles dans les livres liturgiques ?

276. — R. L'accent aigu, dans le *Psautier* (a) et les livres de liturgie, indique les syllabes sur lesquelles on doit appuyer plus longtemps et plus fortement que sur les autres, en les prononçant.

§ IV
EXERCICES DE LECTURE SUR LES RÈGLES DONNÉES CI-DESSUS.

PSAUMES DIVERS.

PSAUME 116.

LAUDATE Dóminum, omnes gentes ; * laudáte eum, omnes pópuli.

Quóniam confirmáta est super nos misericórdia ejus, * et véritas Dómini manet in ætérnum.

Glória Patri, etc.

(a) Recueil des *Psaumes de David*, ou qui lui sont communément attribués.

PSAUME 115.

Crédidi, propter quod locútus sum ; * ego autem humiliátus sum nimis.

Ego dixi in excússu meo : * Omnis homo mendax.

Quid retríbuam Dómino * pro ómnibus quæ retríbuit mihi ?

Cálicem salutáris accípiam, * et nomen Dómini invocábo.

Vota mea Dómino reddam in conspéctu omnis pópuli ejus ; * pretiósa in conspéctu Dómini mors sanctórum ejus.

O Dómine, quia ego servus tuus ; * ego servus tuus, et fílius ancíllæ tuæ.

Dirupísti víncula mea : * tibi sacrificábo hóstiam laudis, et nomen Dómini invocábo.

Vota mea Dómino reddam in conspéctu omnis pópuli ejus ; * in átriis domus Dómini, in médio tui, Jerúsalem.

Glória Patri, etc.

PSAUME 125.

In converténdo Dóminus captivitátem Sion, * facti sumus sicut consoláti.

Tunc replétum est gáudio os nostrum, * et lingua nostra exsultatióne.

Tunc dicent inter gentes : * Magnificávit Dóminus fácere cum eis.

Magnificávit Dóminus fácere nobíscum ; * facti sumus lætántes.

Convérte, Dómine, captivitátem nostram, * sicut torrens in austro.

Qui séminant in lácrymis, * in exsultatióne metent.

Eúntes ibant et flebant, * mitténtes sémina sua.

Veniéntes autem vénient cum exsultatióne, * portántes manípulos suos.

Glória Patri, etc.

PSAUME 138.

Dómine, probásti me, et cognovísti me ; * tu cognovísti sessiónem meam et resurrectiónem meam.

Intellexísti cogitatiónes meas de longe : * sémitam meam et funículum meum investigásti.

Et omnes vias meas prævidísti, * quia non est sermo in lingua mea.

Ecce, Dómine, tu cognovísti ómnia novíssima et antíqua ; * tu formásti me, et posuísti super me manum tuam.

Mirábilis facta est sciéntia tua ex me : * confortáta est, et non pótero ad eam.

Quo ibo a spíritu tuo ? * et quo a fácie tua fugiam ?

Si ascéndero in cœlum, tu illic es ; * si descéndero in inférnum, ades.

Si súmpsero pennas meas dilúculo, * et habitávero in extrémis maris ;

Etenim illuc manus tua dedúcet me, * et tenébit me déxtera tua.

Et dixi : Fórsitan ténebræ conculcábunt me ; * et nox illuminátio mea in delíciis meis.

Quia ténebræ non obscurabúntur a te, et nox sicut dies illuminábitur ; * sicut ténebræ ejus, ita et lumen ejus.

Quia tu possedísti renes meos ; * suscepísti me de útero matris meæ.

Confitébor tibi, quia terribíliter magnificátus es : * mirabília ópera tua, et ánima mea cognóscit nimis.

Non est occultátum os meum a te, quod fecísti in occúlto ; * et substántia mea in inferióribus terræ.

Imperféctum meum vidérunt óculi tui, et in libro tuo omnes scribéntur ; * dies formabúntur, et nemo in eis.

Mihi autem nimis honorificáti sunt amíci tui, Deus ; * nimis confortátus est principátus eórum.

Dinumerábo eos, et super arénam multiplicabúntur : * exsurréxi, et adhuc sum tecum.

Si occíderis, Deus, peccatóres : * viri sánguinum, declináte a me.

Quia dícitis in cogitatióne : * Accípient in vanitáte civitátes tuas.

Nonne qui odérunt te, Dómine, óderam ? * et super inimícos tuos tabescébam ?

Perfécto ódio óderam illos ; * et inimíci facti sunt mihi.

Proba me, Deus, et scito cor meum ; * intérroga me, et cognósce sémitas meas.

Et vide si via iniquitátis in me est ; * et deduc me in via ætérna.

Glória Patri, etc.

PSAUME 45.

Deus noster refúgium et virtus, * adjútor in tribulatiónibus, quæ invenérunt nos nimis.

Proptérea non timébimus dum turbábitur terra, * et transferéntur montes in cor maris.

Sonuérunt et turbátæ sunt aquæ eórum : * conturbáti sunt montes in fortitúdine ejus.

Flúminis ímpetus lætíficat civitátem Dei : * sanctificávit tabernáculum suum Altíssimus.

Deus in médio ejus non commovébitur : * adjuvábit eam Deus mane dilúculo.

Conturbátæ sunt gentes, et inclináta sunt regna : * dedit vocem suam, mota est terra.

Dóminus virtútum nobíscum ; * suscéptor noster Deus Jacob.

Veníte, et vidéte ópera Dómini, quæ pósuit prodígia super terram, * áuferens bella usque ad finem terræ.

Arcum cónteret, et confrínget arma, * et scuta combúret igni.

Vacáte, et vidéte quóniam

ego sum Deus ; * exaltábor in géntibus, et exaltábor in terra.
Dóminus virtútum nobíscum ; * suscéptor noster Deus Jacob.
Glória Patri, etc.

PSAUME 131.

Memento, Dómine, David, * et omnis mansuetúdinis ejus.

Sicut jurávit Dómino, * votum vovit Deo Jacob :

Si introíero in tabernáculum domus meæ ; * si ascéndero in lectum strati mei ;

Si dédero somnum óculis meis, * et pálpebris meis dormitatiónem ;

Et réquiem tempóribus meis, donec invéniam locum Dómino, * tabernáculum Deo Jacob.

Ecce audívimus eam in Ephráta : * invénimus eam in campis silvæ.

Introíbimus in tabernáculum ejus : * adorábimus in loco ubi stetérunt pedes ejus.

Surge, Dómine, in réquiem tuam ; * tu, et arca sanctificatiónis tuæ.

Sacerdótes tui induántur justítiam, * et sancti tui exsúltent.

Propter David servum tuum, * non avértas fáciem Christi ui.

Jurávit Dóminus David veritátem, et non frustrábitur eam : * De fructu ventris tui ponam super sedem tuam.

Si custodíerint fílii tui testaméntum meum, * et testimónia mea hæc quæ docébo eos ;

Et fílii eórum usque in sæculum * sedédunt super sedem tuam.

Quóniam elégit Dóminus Sion ; * elégit eam in habitatiónem sibi.

Hæc réquies mea in sæculum sæculi : * hic habitábo, quóniam elégi eam.

Víduam ejus benedícens benedicam ; * páuperes ejus saturábo pánibus.

Sacerdótes ejus índuam salutári ; * et sancti ejus exsultatióne exsultábunt.

Illuc prodúcam cornu David ; * parávi lucérnam Christo meo.

Inimícos ejus índuam confusióne ; * super ipsum autem efflorébit sanctificátio mea.

Glória Patri, etc.

PSAUME 120.

Levavi óculos meos in montes, * unde véniet auxílium mihi.

Auxílium meum a Dómino, * qui fecit cœlum et terram.

Non det in commotiónem pedem tuum, * neque dormítet qui custódit te.

Ecce non dormitábit neque dórmiet, * qui custódit Israel.

Dóminus custódit te, Dóminus protéctio tua, * super manum déxteram tuam.

Per diem sol non uret te, * neque luna per noctem.

Dóminus custódit te ab omni

malo ; * custódiat ánimam tuam Dóminus.

Dóminus custódiat intróitum tuum, et éxitum tuum, * ex hoc nunc et usque in sæculum.

Glória Patri, etc.

PSAUME 119.

Ad Dóminum, cum tribulárer, clamávi ; * et exaudivit me.

Dómine, libera ánimam meam a lábiis iníquis, * et a lingua dolósa.

Quid detur tibi, aut quid apponátur tibi, * ad linguam dolósam ?

Sagíttæ poténtis acútæ , * cum carbónibus desolatóriis.

Heu mihi, quia incolátus meus prolongátus est ! Habitávi cum habitántibus Cedar, * multum íncola fuit ánima mea.

Cum his qui odérunt pacem, eram pacíficus : * cum loquébar illis, impugnábant me gratis.

Glória Patri, etc.

§ V

AUTRES EXERCICES DE LECTURE SUR LES MÊMES RÈGLES.

A L'OFFICE DE LA SAINTE VIERGE.

PSAUME 121.

Lætatus sum in his quæ dicta sunt mihi : * in domum Dómini ibimus.

Stantes erant pedes nostri * in átriis tuis, Jerúsalem.

Jerúsalem, quæ ædificátur ut cívitas, * cujus participátio ejus in idípsum.

Illuc enim ascendérunt tribus, tribus Dómini ; * testimónium Israel, ad confiténdum nómini Dómini.

Quia illic sedérunt sedes in judício, * sedes super domum David.

Rogáte quæ ad pacem sunt Jerúsalem ; * et abundántia diligéntibus te.

Fiat pax in virtúte tua, * et abundántia in túrribus tuis.

Propter fratres meos et próximos meos, * loquébar pacem de te.

Propter domum Dómini Dei nostri, * quæsivi bona tibi.

Glória Patri, etc.

PSAUME 126.

Nisi Dóminus ædificáverit domum, * in vanum laboravérunt qui ædíficant eam.

Nisi Dóminus custodíerit civitátem, * frustra vígilat qui custódit eam.

Vanum est vobis ante lucem súrgere : * súrgite postquam sedéritis, qui manducátis panem dolóris.

Cum déderit diléctis suis somnum : * ecce hæréditas Dómini, filii ; merces , fructus ventris.

Sicut sagittæ in manu poténtis, * ita filii excussórum.
Beátus vir qui implévit desidérium suum ex ipsis; * non confundétur cum loquétur inimícis suis in porta.
Glória Patri, etc.

PSAUME 147.

Lauda, Jerúsalem, Dóminum : * lauda Deum tuum, Sion;
Quóniam confortávit seras portárum tuárum; * benedíxit filiis tuis in te;
Qui pósuit fines tuos pacem, * et ádipe fruménti sátiat te;
Qui emíttit elóquium suum terræ, * velóciter currit sermo ejus;
Qui dat nivem sicut lanam, * nébulam sicut cínerem spargit.
Mittit crystállum suam sicut buccéllas : * ante fáciem frígoris ejus quis sustinébit?
Emíttet verbum suum, et liquefáciet ea: * flabit spíritus ejus, et fluent aquæ.
Qui annúntiat verbum suum Jacob, * justítias et judícia sua Israel.
Non fecit táliter omni natióni, * et judícia sua non manifestávit eis.
Glória Patri, etc.

HYMNE.

Lucis Creátor óptime,
Lucem diérum próferens,
Primórdiis lucis novæ
Mundi parans oríginem;
Qui mane junctum vésperi
Diem vocári præcipis,
Illábitur tetrum chaos;
Audi preces cum flétibus.
Ne mens graváta crímine
Vitæ sit exsul múnere,
Dum nil perénne cógitat,
Seseque culpis illigat.
Cœléste pulset óstium,
Vitále tollat præmium,
Vitémus omne nóxium,
Purgémus omne péssimum.
Præsta, Pater piíssime,
Patríque compar, Unice,
Cum Spíritu Paráclito
Regnans per omne sæculum.
Amen.
℣. Dirigátur, Dómine, orátio mea, ℟. Sicut incénsum in conspéctu tuo.

HYMNE.

Te lucis ante términum,
Rerum Creátor, póscimus
Ut, pro tua cleméntia,
Sis præsul et custódia.
Procul recédant sómnia,
Et nóctium phantásmata;
Hostémque nostrum cómprime,
Ne polluántur córpora.
Præsta, Pater piíssime,
Patríque compar, Unice,
Cum Spíritu Paráclito
Regnans per omne sæculum.
Amen.

Aux Fêtes de la Sainte Vierge.

Jesu, tibi sit glória,
Qui natus es de vírgine,

Cum Patre et almo Spíritu, In sempitérna sæcula.
In sempitérna sæcula. Amen.
Amen.
Au Temps Pascal.
A l'Epiphanie. Deo Patri sit glória,
Jesu, tibi sit glória, Et Fílio, qui a mórtuis
Qui apparuísti Géntibus, Surréxit, ac Paráclito,
Cum Patre et almo Spíritu, In sempitérna sæcula. Amen.

Nota. — *A l'Ascension*, au lieu de : *Qui natus es de Vírgine......*
on dit : *Qui victor in cœlum redis.....*

LEÇON VINGTIÈME.

DE LA PSALMODIE (*a*).

D. Qu'entendez-vous par *psalmodie* ?

277. — R. J'entends par *psalmodie*, réciter ou chanter des *Psaumes de David* et des *Cantiques* tirés de l'ancien et du nouveau Testament.

D. Combien y a-t-il de sortes de *psalmodies* ?

278. — R. Il y a deux sortes de *psalmodies :* 1° la psalmodie simple (*b*) qui consiste seulement à réciter les *Psaumes*, etc., sans aucune inflexion de voix, c'est-à-dire d'un ton continuel et soutenu de deux chœurs qui se répondent alternativement, et toujours *recto tono ;* 2° la psalmodie composée, c'est-à-dire le chant des *Psaumes* et *Cantiques*, composé de l'*intonation*, de la *teneur*, de la *médiante* ou *médiation* et de la *terminaison*. Ces deux psalmodies sont basées en quelque sorte sur les mêmes principes.

D. Quelles sont les règles à suivre pour bien exécuter la psalmodie simple ?

279. — R. Les règles à suivre pour bien exécuter la psalmodie simple sont de bien observer l'accentuation (276), d'articuler les mots sans lenteur ni précipitation ; de couper court et de faire simultanément une pause au milieu et à la fin de

---

(*a*) Manière de réciter, de chanter les Psaumes à l'église.
(*b*) Psalmodie appelée directanée.

chaque verset, car en négligeant ces précautions, on ôte à la psalmodie tout ce qui en fait le mérite ; il n'y a plus d'ensemble, la distinction des versets disparaît, les voix se heurtent, se mêlent et se confondent dans un bourdonnement désagréable à l'oreille ; ce qui doit faire la honte de ceux qui psalmodient ainsi sans grâce, ni goût, ni accord.

D. Comment se divisent les *Psaumes* et *Cantiques* ?

280.—R. Les *Psaumes* et les *Cantiques* sont divisés en versets qui offrent pour la plupart un sens complet.

§ Ier

DU CHANT DES PSAUMES.

D. Comment se divise le chant du premier verset d'un *Psaume* ?

281. — R. Le chant du premier verset d'un *Psaume* est divisé en quatre parties distinctes : 1° l'*intonation* proprement dite ou *commencement* ; 2° la *teneur* ou *dominante* ; 3° la *médiation* ; 4° la *terminaison* (a).

§ II

DE L'INTONATION.

D. Qu'est-ce que l'*intonation* ?

282. — R. L'*intonation* ou *commencement* conduit le chant à une note appelée *teneur*, sur laquelle on chante le corps du verset. Cette note domine nécessairement ; aussi l'appelle-t-on encore *dominante* (78). Parmi les intonations, les unes ont une liaison et les autres n'en ont pas.

D. Qu'appelle-t-on *intonations liées* ?

283.—R. On appelle *intonations liées*, celles dont la seconde note est jointe avec la troisième sur la même syllabe, comme dans le 1er, le 3e, le 4e, le 6e et le 7e mode.

(a) Tous les autres versets d'un *Psaume* suivent la même division, excepté que leur intonation commence sur la *dominante*.

D. Qu'appelle-t-on *intonations non liées* ?

284.—R. On appelle *intonations non liées*, celles où chaque syllabe n'a qu'une seule note, comme dans le 2e, le 5e et le 8e mode.

D. Lorsque la seconde syllabe de l'intonation est *brève*, que faut-il faire ?

285. — R. Lorsque la seconde syllabe de l'intonation des 1er, 3e, 4e, 6e et 7e modes est *brève*, on fait la liaison sur la troisième syllabe.

D. Les syllabes *brèves* ne comptent donc pas dans les intonations ?

286. — R. Les syllabes *brèves* ne comptent pas dans les intonations liées, mais elles comptent dans les intonations non liées, c'est-à-dire dans les 2e, 5e et 8e modes.

Toutes les intonations des *Psaumes* et *Cantiques* se trouvent aux *Antiennes* dans l'*Antiphonaire*. Mais il est à remarquer qu'on n'a fait jamais d'intonation aux *Petites heures* ni à *Complies*, ni aux *Offices des Défunts*. Les *Psaumes* et *Cantiques* commencent par la *teneur* ou *dominante*, excepté *Nunc dimittis* des *Complies* et *Magnificat* des *Vêpres des Morts*, qui ont l'intonation au premier verset seulement.

D. Où se trouve la *teneur* ou *dominante* dans les versets d'un *Psaume* ?

287. — R. La *teneur* règne depuis la dernière note de l'*intonation* proprement dite jusqu'à la *médiation*, elle reprend après la *médiation* et se prolonge jusqu'au commencement de la *terminaison*.

D. Quelle difficulté présente la *teneur* ?

288. — R. La *teneur* ne présente point de difficultés notables, mais il faut remarquer que chaque syllabe accentuée de la *teneur* porte une note à queue (20).

D. Où se trouvent donc les *notes doubles* dans les versets d'un *Psaume* ?

289. — R. Les *notes doubles* (21) ne paraissent qu'à l'*intonation*, à la *médiation* et à la *terminaison*.

§ III

DE LA MÉDIATION.

D. Qu'est-ce que la *médiation* ?

290.—R. La *médiation* est une inflexion de la voix ou une suite de sons qui s'opère vers le milieu du verset, avant l'astérisque * qui le divise en deux parties et qui marque le repos qu'on y doit faire.

D. Ne doit-on faire de pause qu'à la *médiation* ?

291.—R. On ne doit faire qu'une pause (44) dans un verset, et c'est à l'astérisque * ; mais si l'une des deux parties du verset était trop longue, il faudrait s'arrêter à la ponctuation principale ou à tout autre endroit après une quantité de mots formant un sens, le temps seulement nécessaire pour respirer (44).

D. Cette *médiation* est-elle la même dans tous les versets ?

292. — R. La *médiation* est la même à tous les versets d'un *Psaume*, à moins qu'il ne se rencontre un mot hébreu, ou un monosyllabe, ou une avant-dernière syllabe brève (301). Ces circonstances donnent lieu à un léger changement dont nous parlerons plus loin (304 et suiv.).

§ IV

DE LA TERMINAISON.

D. Qu'est-ce que la *terminaison* ?

293. — R. La *terminaison* est une modulation qui sert de cadence finale à chaque verset.

D. Comment cette modulation est-elle indiquée ?

294. — R. La modulation de la *terminaison* est indiquée dans les livres par les voyelles des syllabes *sæculorum amen* qui terminent la doxologie *Gloria Patri:* E U O U   A E.

sæ-cu-lorum. Amen.

D. Pourquoi a-t-on choisi les derniers mots du *Gloria Patri* pour y placer ainsi les notes de la *terminaison* ?

295. — R. On a choisi les derniers mots du *Gloria Patri* pour y placer ainsi les notes de la *terminaison*, parce que tous les *Psaumes* et tous les *Cantiques*, à de rares exceptions près, sont terminés par cette doxologie.

D. La *terminaison* est-elle la même pour tous les versets d'un *Psaume* ?

296.—R. La *terminaison* (a) est la même à tous les versets d'un *Psaume*, sauf le cas où le dernier mot est un monosyllabe, ou lorsque l'avant-dernière syllabe est brève ; alors on lui fait subir un léger changement, comme nous l'avons déjà dit, et comme nous le verrons dans la leçon suivante.

Exemple de Psalmodie composée.

(a) On a introduit dans la *Psalmodie* un grand nombre de terminaisons, afin de la rendre plus agréable par la variété.

Il y a trois espèces de terminaisons : les unes sont appelées *incomplètes*, parce qu'elles ne descendent pas jusqu'à la finale de leur mode ; les autres *complètes*, parce qu'elles aboutissent précisément à la finale de leur mode ; et les troisièmes *plus que complètes*, parce qu'elles descendent au-dessous de la finale de leur mode.

sæcu-la sæ-cu-lorum. Amen.

LEÇON VINGT ET UNIÈME.

DE LA QUANTITÉ PSALMODIQUE.

D. En quoi consiste la *quantité psalmodique?*

297. — R. La *quantité psalmodique* consiste à chanter chaque syllabe avec la mesure qui lui convient par sa nature ou sa position dans les mots.

D. Combien y a-t-il d'espèces de *syllabes?*

298. — R. Il y a quatre espèces de *syllabes* dans la psalmodie, savoir :

> Les syllabes longues accentuées ;
> Les syllabes longues communes ;
> Les syllabes brèves naturelles ou parfaites ;
> Les syllabes brèves accidentelles.

D. Qu'entendez-vous par *syllabe longue accentuée?*

299. — R. On entend par *syllabe longue accentuée* celle sur laquelle on appuie plus longtemps en prononçant le mot ; elle est ordinairement désignée par un accent aigu dans les livres d'église. Il n'y a qu'une *syllabe longue accentuée* dans chaque mot. Dans les mots de deux syllabes, c'est la *pénultième* (a). Dans les mots de plus de deux syllabes, c'est encore la *pénultième*, si cette *pénultième* est longue de sa nature ; si, au contraire, elle est brève de sa nature, c'est l'*antépénultième* (b) qui sera la *syllabe longue accentuée*, quelle que soit sa quantité naturelle.

D. Qu'appelle-t-on *longues communes?*

300. — R. On appelle *longues communes* les syllabes qui ne

(a) On nomme *pénultième* l'avant-dernière syllabe d'un mot.

(b) On appelle *antépénultième* la syllabe qui précède immédiatement l'avant-dernière syllabe d'un mot.

peuvent être regardées ni comme *longues accentuées*, ni comme *brèves* naturelles ou accidentelles.

D. Quelles sont les *syllabes brèves* naturelles ou parfaites ?

301. — R. Les *syllabes brèves* naturelles ou parfaites sont : 1° la *pénultième*, quand cette *pénultième* est brève de sa nature, ce qu'on peut reconnaître quand l'*antépénultième* est accentuée ; 2° les *syllabes* terminées par une voyelle suivie immédiatement dans le même mot d'une autre voyelle, par exemple les syllabes *si*, *tu*, de *confessiónem*, *mortuórum*.

D. Qu'appelle-t-on *syllabe brève accidentelle* ?

302. — R. On appelle *brève accidentelle* la dernière syllabe des mots suivis d'un monosyllabe, pourvu que ce monosyllabe leur soit lié par le sens d'une manière plus prochaine qu'avec le mot suivant ; pourvu encore que la *pénultième* de ces mêmes mots ne soit pas déjà *brève* elle-même, car il est de règle dans le chant coulé de ne point admettre deux *brèves* de suite... (*a*).

D. Ces règles sont-elles sans exception ?

303. — R. Les règles précédentes ne souffrent d'exception que pour le chant de la terminaison des *Psaumes*. Lorsqu'un verset se termine par un seul monosyllabe, la *pénultième* du mot précédent est toujours censée longue et la dernière brève.

§ Ier

RÉSUMÉ DES DEUX LEÇONS PRÉCÉDENTES.

304.—MÉDIATION. 1re *Règle*.— Quand la *pénultième* syllabe d'un mot latin est *brève*, l'élévation se fait sur l'*antépénultième*, la *brève* ne comptant pour rien.

Exemples :

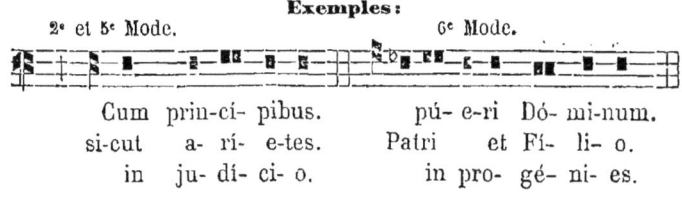

2e et 5e Mode. — Cum prin-ci- pibus. / si-cut a- ri- e-tes. / in ju- di- ci- o.

6e Mode. — pú- e-ri Dó- mi-num. / Patri et Fi- li- o. / in pro- gé- ni- es.

(*a*) *Manuel du chantre*, page 43.

    mi-se-rá- tor Dó-mi-nus.   Patri et Fí- li- o.
    heredi- tá- tem gén-ti- um.   in Dómi-no.
    in ju- dí- ci- o.   terra í-no-pem.

305. — *2e Règle.* — On élève la dernière syllabe de la *médiation* d'un degré au-dessus de la *dominante*, ce qu'on appelle *médiation suspendue*, quand elle finit par un mot hébreu, grec, indéclinable ou monosyllabe (*a*), comme *Israel*, *Ephrata*, *Jacob*, *David*, *Jerúsalem*, *Sion*, *Cedar*, *sum*, *est*, *te*, *me*, *nos*, *vos*; cette élévation n'a lieu que dans le 2e, le 4e, le 5e et le 8e mode.

Exemples :

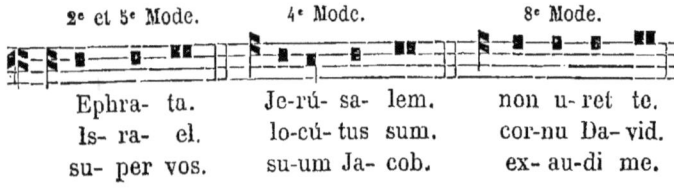

Ephra- ta.   Je-rú- sa- lem.   non u- ret te.
Is- ra- el.   lo-cú- tus sum.   cor-nu Da- vid.
su- per vos.   su-um Ja- cob.   ex- au-di me.

dómu- i Is-ra- el.   Magni- fi-ca- tus es ;...
Dó-minus su-per vos.   Ca-pti- vi- ta-tem Si- on.

306. — *3e Règle.* — Lorsque la *médiation* se termine par deux monosyllabes, il faut élever le dernier aux quatre modes indiqués ci-dessus, car il est d'usage dans le diocèse d'élever tout monosyllabe final.

Exemples :

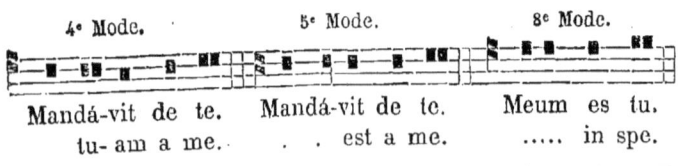

Mandá-vit de te.   Mandá-vit de te.   Meum es tu.
tu- am a me.   . . est a me.   ..... in spe.

(*a*) On appelle *monosyllabe*, un mot d'une syllabe, c'est-à-dire qui se prononce d'une seule émission de voix.

4ᵉ Règle. — Dans le 3ᵉ et le 7ᵉ mode, la note la plus élevée ne peut se placer sur une syllabe *brève*, mais sur la précédente ; il est d'usage dans le diocèse d'élever même sur la dernière syllabe d'un mot et sur tout monosyllabe.

Exemples :

3ᵉ Mode.   7ᵉ Mode.

Æ-di- fi- cá- ve-rit domum.   lique- fá-ci-et e- a.
. . . Dó-mi-no me- o.   in sæculum sæcu-li.

3ᵉ Mode.   7ᵉ Mode.

Glo-ri- a Patri, et Fi- li- o.   Obli-visce-ris me in finem.
Conver- tantur re-tror-sùm.   Convertan- tur retrorsùm.

307. — TERMINAISON. **1ʳᵉ Règle** (*a*). — Les dernières syllabes d'un mot suivi d'un monosyllabe sont toujours *brèves*, même lorsqu'elles sont naturellement longues.

Exemple :

6ᵉ Mode.   8ᵉ Mode.

Quà invo-ca- ve-ri-mus te.   De-dit ti-men-ti-bus se.
lu-ci- fe-rum genu- i te.   Pro-te-ctor e- o-rum est.

2ᵉ Règle. — Si le verset est défectueux (*b*), on ne prend que la quantité de notes nécessaires pour les mots que l'on doit chanter, et on commence à les compter par la fin (*c*).

(*a*) Les *terminaisons* suivent les mêmes règles que les *médiations*.
(*b*) Un verset est défectueux quand l'une de ses parties n'a pas assez de syllabes pour que le chant puisse être ajusté en entier.
(*c*) Les versets peuvent être défectueux à la *médiation* comme à la *terminaison*. Le premier mot du cantique *Magnificat* nous en donne un exemple.

Exemple :

4e Mode.   7e Mode.

Di-cat nunc Is-ra-el.   quem ti-me-bo.   luce-at e-is.

8e Mode.

super cœlos.

L'*intonation*, la *médiation* et la *terminaison* des *Psaumes* comme au tableau ci-après, leçon vingt-deuxième, pages 145 et suiv.

§ II

308.   CHANT DU COMMENCEMENT DE L'OFFICE.

Do-mine, lá-bi- a me-a a-pé-ri- es. ℟. Et os me-um

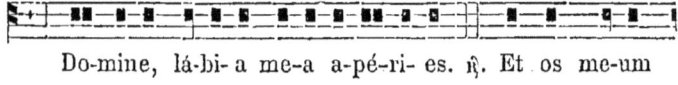

annunti- á-bit laudem tu- am.

§ III

309.   CHANT FESTIVAL.

Il sert à Matines, à Laudes et à Vêpres des Fêtes doubles et semidoubles et des Dimanches.

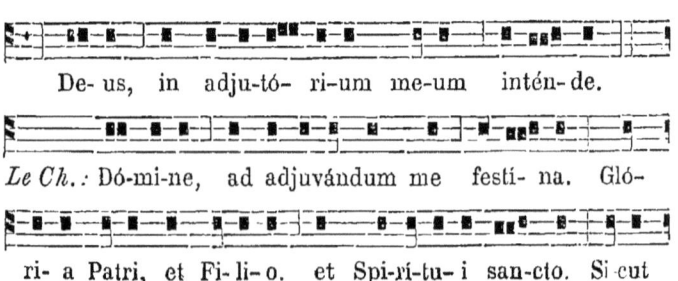

De- us, in adju-tó- ri-um me-um intén- de.

Le *Ch.*: Dó-mi-ne, ad adjuvándum me festi- na. Gló-

ri- a Patri, et Fi-li- o. et Spi-rí-tu- i san-cto. Sicut

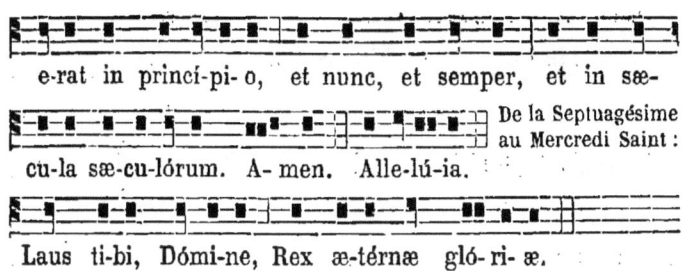

§ IV

310.   CHANT FÉRIAL.

Il sert 1° pour l'Office des Fêtes simples et des Féries ; 2° pour les Petites Heures et les Complies des Dimanches et de toutes les Fêtes.

311.   LEÇON VINGT-DEUXIÈME.

TABLEAU DES INTONATIONS, DOMINANTES, MÉDIATIONS ET TERMINAISONS DES *Psaumes* ET *Cantiques*, POUR LES HUIT MODES DU NOUVEAU PLAIN-CHANT.

§ Ier

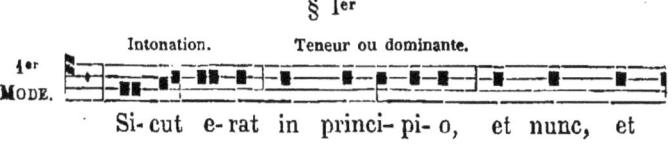

— 146 —

Médiation.   Teneur ou dominante.   Terminaison.

semper, * et in sæcu-la sæ-cu-lorum. Amen.   A.

E. u. o. u. a. e.   B. E. u. o. u. a. e. C. E. u. o. u. a. e. D.

genu- i te.   Do-mi-nus.   Ma-gni- ficat...

Chant spécial
de l'*In exitu:*
In ex- i-tu Isra- el de Æ- gypto, * do-

mus Ja-cob de po-pu-lo barba-ro.   E. u. o. u. a. e.   a.

... domu-i Is-ra- el... Do-minus su-per vos.

312.   § II

2ᵉ
MODE.
Si-cut e-rat....   et nunc, et sem-per.   E.

u. o. u. a. e. A. E. u. o. u. a. e. B. E. u. o. u. a. e. C.

E. u. o. u. a. e. D. et Fi- li- o.   ex Si-on.   locu-tus

sum. Cedar. Ma- gni- ficat. Et exsul-ta- vit spi-

ri-tus me- us. De-posu- it.   Patri, et Fi- li- o.

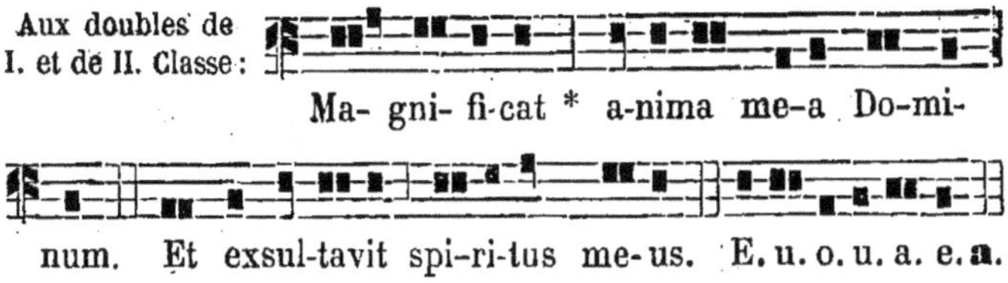

— 147 —

Aux doubles de I. et de II. Classe :

Ma- gni- fi-cat * a-nima me-a Do-mi-num. Et exsul-tavit spi-ri-tus me-us. E. u. o. u. a. e. a.

313. § III

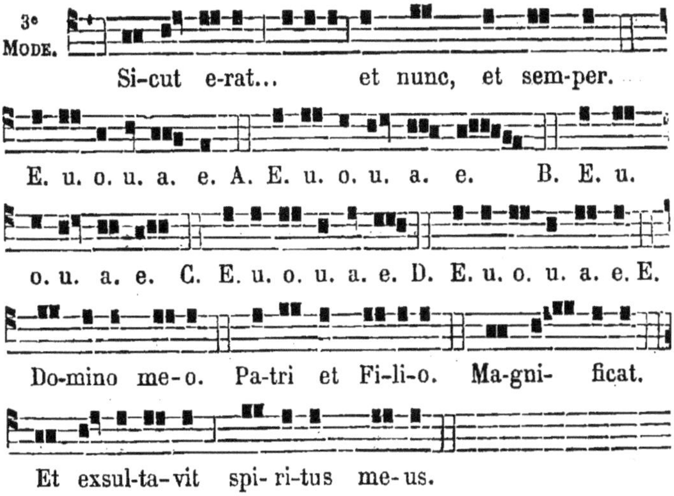

3ᵉ Mode.

Si-cut e-rat... et nunc, et sem-per.

E. u. o. u. a. e. A. E. u. o. u. a. e. B. E. u. o. u. a. e. C. E. u. o. u. a. e. D. E. u. o. u. a. e. E. Do-mino me-o. Pa-tri et Fi-li-o. Ma-gni- ficat. Et exsul-ta-vit spi-ri-tus me-us.

314. § IV

4ᵉ Mode.

Si-cut e-rat... et nunc, et sem-per.

E. u. o. u. a. e. A. E. u. o. u. a. e. B. E. u. o. u. a. e. C. E. u. o. u. a. e. D. E. u. o. u. a. e. E. De- us

— 148 —

Is-ra-el. Qui potens est. Magni- fi-cat. Et ex-sul-ta-vit spi-ri-tus me-us.

4ᵉ Mode
en LA.
Si-cut e-rat... et nunc, et sem-per.

E. u. o. u. a. e. *B*.

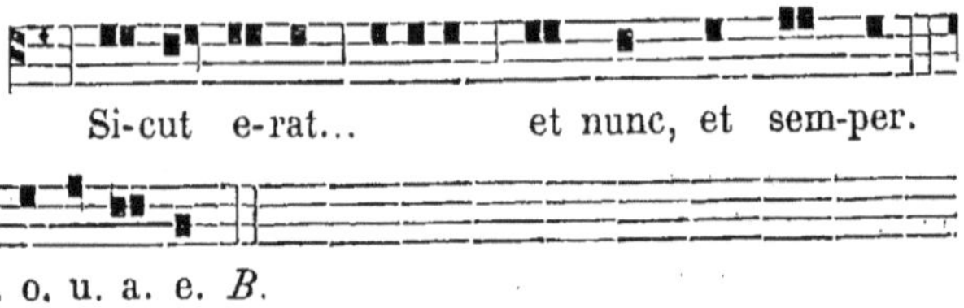

315. § V

5ᵉ Mode.
Si-cut e-rat... et nunc, et sem-per.

E. u. o. u. a. e. A. E. u. o. u. a. e. B. E. u. o. u. a. e. C. ex Si-on. Isra-el. Spi-ri-tu-i san-cto.

Magni- ficat. Et exsul-ta-vit spi-ri-tus me-us.

Aux doubles de
I. et de II. Classe :
Ma- gni- fi-cat * a-nima me-a Do-minum. Et exsulta-vit spi-ri-tus me-us. E. u. o. u. a. e. a.

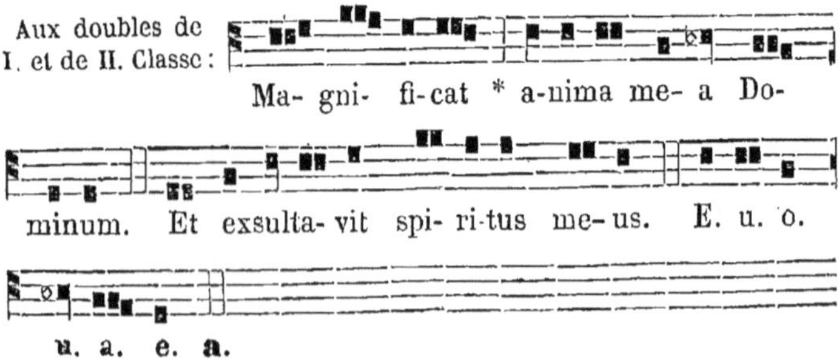

316.   § VI

317.   § VII

— 150 —

a. e. C. E. u. o. u. a. e. D. E. u. o. u. a. e. E. E. u. o. u. a. e. F. E. u. o. u. a. e. G. Pa-tri et Fi-li-o. Spi-ri-tu-i sancto. Ma- gni- fi-cat. Et ex-sulta- vit spi- ri-tus me- us.

318.   § VIII

8ᵉ MODE.

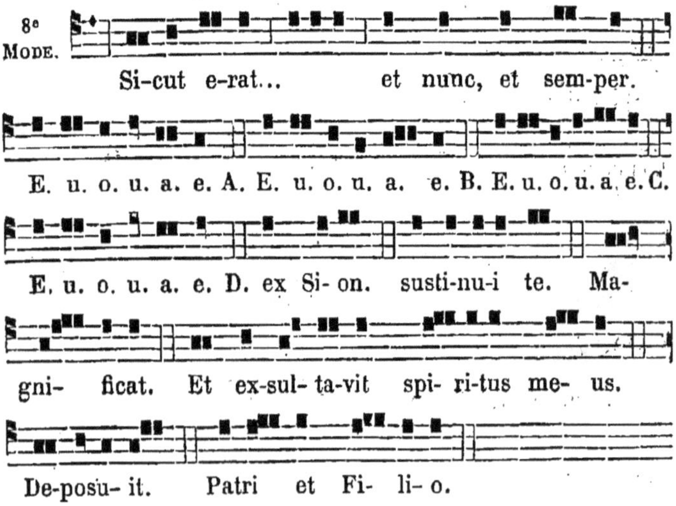

Si-cut e-rat... et nunc, et sem-per. E. u. o. u. a. e. A. E. u. o. u. a. e. B. E. u. o. u. a. e. C. E. u. o. u. a. e. D. ex Si- on. susti-nu-i te. Ma- gni- ficat. Et ex-sul- ta-vit spi- ri-tus me- us. De-posu- it. Patri et Fi- li-o.

LEÇON VINGT-TROISIÈME.

DES ANTIENNES.

D. Qu'appelle-t-on *Antienne*?

319.—R. On appelle *Antienne* un morceau d'un texte assez court que tout le chœur chante ordinairement avant et après un *Psaume*, dont les versets (de ce *Psaume*) sont chantés alternativement par le côté droit et par le côté gauche du chœur (133).

D. Pourquoi cette pièce de chant porte-t-elle le nom d'*Antienne* ?

320. — R. Cette pièce de chant porte le nom d'*Antienne*, parce qu'elle indique le mode du *Psaume* ou du *Cantique* qui doit être chanté *alternativement* par les deux chœurs, qui ne doivent pas se confondre (133).

D. Quand doit-on chanter les *Antiennes* en entier avant et après le *Psaume* ou *Cantique* ?

321. — R. On doit chanter les *Antiennes* en entier avant et après les *Psaumes* aux doubles de 1re et de 2e classe ; aux doubles majeures et aux doubles simplement. On double donc les *Antiennes* dans toutes les fêtes doubles, ce qui n'a pas lieu quand on fait l'office du dimanche, et des semi-doubles et au-dessous, où l'on chante avant le *Psaume* le premier ou les premiers mots seulement de l'*Antienne*, pour la reprendre après le *Psaume* et la chanter en entier, et ainsi des autres.

D. Comment doit-on chanter les *Antiennes* ?

322. — R. On doit chanter les *Antiennes* sans précipitation et d'une manière simple, en observant la valeur des notes (61 *bis*) et des barres (44). Les *Antiennes* des *Cantiques* doivent être chantées plus solennellement.

Le mode d'un *Psaume* est subordonné à celui de l'*Antienne* qui précède ; ce *Psaume* doit être chanté sur la même dominante que l'*Antienne* (334).

Exemple.

(*Antiphonaire*, page 297).

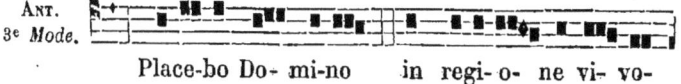

Ant.
3e Mode.

Place-bo Do- mi-no   in regi- o- ne vi- vorum. *Ps.* Di-lexi. (*a*). 3. E.

Autre exemple.

(*Antiphonaire*, page 550).

Ant.
4ᵉ *en* LA.

In odo- rem unguentorum tu-orum cur-ri-mus : a- do-lescen-tu-læ di-le-xe- runt te ni-mis.

Ps. Læ-ta- tus sum. 4. *B.*

Autre.

(*Antiphonaire*, page 187).

Ant.
1ᵉʳ *Mode.*

Ho- di- e com-ple- ti sunt di- es Pente-co-stes, al- le- lu-ia : ho- di- e Spi- ri-tus san-ctus in i- gne di-sci- pu-lis ap-pa- ru-it, et tri-bu-it e-is cha-ris- ma-tum do-na : mi- sit e- os in u-ni-ver-sum mun-dum præ-di-ca-re et te-sti- fi- ca-ri : Qui

---

(*a*) Tous les *Psaumes* et *Cantiques* de l'Office des Morts commencent par la *dominante*.

LEÇON VINGT-QUATRIÈME.

DU TON DU CHŒUR.

D. Qu'entendez-vous par *ton du chœur*?

323.—R. On entend par *ton du chœur,* un ton de voix raisonnable, ni trop haut ni trop bas; c'est une *dominante* (78) proportionnée aux voix dont le chœur se compose, et au degré de solennité des offices.

D. Quelle est la *dominante* proportionnée au degré de solennité de l'office?

324. — R. La *dominante* doit être plus ou moins élevée, selon que l'office est plus ou moins solennel.

Voici les règles généralement suivies à cet égard. On prend pour *ton du chœur :*

1º Aux fêtes doubles de 1re classe,
— — doubles de 2e classe,
— — doubles majeures (*a*),
} en *la.*

2º Aux doubles,
Dimanches ordinaires,
Semidoubles et au-dessous,
} en *sol.*

D. Comment peut-on régler le ton du chœur selon ces *dominantes ?*

325. — R. Pour régler le ton du chœur selon la *dominante* adoptée pour la solennité, on peut se servir du *diapason.*

D. Qu'est-ce que le *diapason ?*

326. — R. Le *diapason* est un petit instrument à deux branches, qui donnent en vibrant le son du *la*, d'où il est facile de déduire les autres sons soit en montant, soit en descendant, suivant le ton du chœur, afin de garder l'*unisson* (*b*).

§ Ier

DE L'UNISSON.

D. Qu'est-ce que l'*unisson ?*

327. — R. L'*unisson* est l'accord de deux ou de plusieurs voix, de deux ou de plusieurs instruments qui ne font entendre qu'un même ton ou son.

D. Doit-on garder l'*unisson* dans les différents morceaux que l'on chante ?

328. — R. On doit garder strictement l'*unisson*, non-seulement dans une pièce de chant, mais encore en passant d'un morceau à l'autre ; c'est ce qui s'appelle garder le *ton du chœur*, qui est le pivot sur lequel tout le chant doit rouler.

(*a*) Aux fêtes doubles majeures, on pourrait mettre la *dominante* en *sol dièse* seulement ; aux Offices des Morts en *fa dièse ;* en *fa* si les voix le permettent.

(*b*) Le 3e et le 8e mode doivent toujours être en *la*, excepté la *Psalmodie* et l'*Antienne* correspondant à chaque *Psaume* qui doivent être à l'*unisson.*

D. C'est donc sur le *ton du chœur* que doivent être prises toutes les *dominantes?*

329. — R. C'est sur le *ton du chœur* que doivent être prises toutes les *dominantes* des pièces qui composent un office quelconque.

D. Il faut donc donner à chaque *dominante* le même ton?

330. — R. Il faut donner à toutes les *dominantes*, quel que soit leur nom, le même ton ou son, la même hauteur; c'est ce qu'on appelle chanter à *l'unisson*, ou observer la *dominante*.

D. Pourquoi faut-il donner le même ton à toutes les *dominantes?*

331. — R. Parce que la beauté et la perfection du chant consistent à observer *l'unisson*, à moins qu'on ne rencontre des morceaux dont l'étendue soit trop au-dessus ou trop au-dessous de leurs *dominantes*. Dans ce cas, il vaut mieux changer le *ton du chœur* que de ne pouvoir atteindre les extrémités de ces morceaux, mais cela arrive très-rarement dans les pièces de chant et jamais dans la *psalmodie*.

D. Que dites-vous de *l'unisson* dans la *psalmodie?*

332. — R. Je dis qu'il n'est point d'office où il convienne autant de garder *l'unisson* comme dans la *psalmodie*, où il faut que les *Antiennes* et les *Psaumes* roulent toujours sur la même *dominante*, sur le même ton de voix. Il faut pour cela resserrer dans les mêmes limites l'échelle des huit modes. C'est ce qui s'obtient en prenant toutes les *dominantes* à la même hauteur, quel que soit le mode. (Voir les tableaux des *Finales* et *Dominantes*, pages 59 et 60).

Toutes les *dominantes* doivent donc avoir le même son ou ton comme si elles étaient toutes sur une même ligne de la portée.

Exemples:

DOMINANTES DES MODES RÉGULIERS.

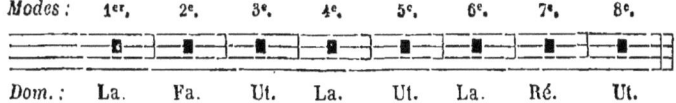

DOMINANTES DES MODES IRRÉGULIERS.

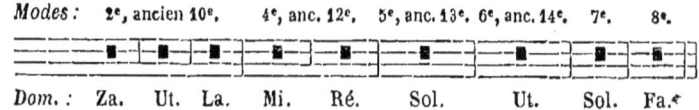

A VÊPRES.

D. Par où commence-t-on les *Vêpres*?

333. — R. Les *Vêpres* commencent par le verset *Deus in adjutorium ;* on chante ensuite cinq *Psaumes* et cinq *Antiennes*. L'*Antienne* du premier *Psaume* des Vêpres du Dimanche commence par les mêmes paroles que le *Psaume* lui-même, ce qui a amené l'usage de commencer le *Psaume* à la médiation, disant :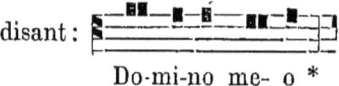

Do-mi-no me- o *

§ II

MANIÈRE D'ÉLEVER LES ANTIENNES.

D. Quelle est la manière d'élever les *Antiennes* et les *Psaumes*?

334. — R. Voici la manière d'élever ou d'entonner (118) les *Antiennes* et les *Psaumes* sur la même *dominante*. Prenons pour exemple les Vêpres des dimanches ordinaires.

On suppose que le célébrant commence sur un ton convenable le ℣. *Deus, in adjutorium*. Puis le chantre, ou celui qui entonne l'*Antienne*, prend à la même hauteur le *ré*, dominante de la première *Antienne*, et descend à la note de l'imposition. L'*Antienne* imposée, on entonne le *Psaume*, pour reprendre à la fin du *Psaume* l'intonation de l'*Antienne*. L'*Antienne* terminée, on remonte à sa dominante, en disant par degrés conjoints : *sol, la, si, ut, ré ;* on met ensuite le *la* dominante de la deuxième *Antienne*, sur le son du *ré*, et on descend à la pre-

— 157 —

mière note de l'intonation, en disant : *la, sol, fa, mi* (*a*). Pour ce qui regarde le *Psaume*, sa dominante étant toujours la même que celle de l'*Antienne*, chantez son intonation comme une suite de l'intonation de l'*Antienne*.

Il en est de même, à proportion, pour toutes les *Antiennes* de tous les modes, montant ou descendant jusqu'à la première note de la pièce que l'on doit chanter.

Exemple.

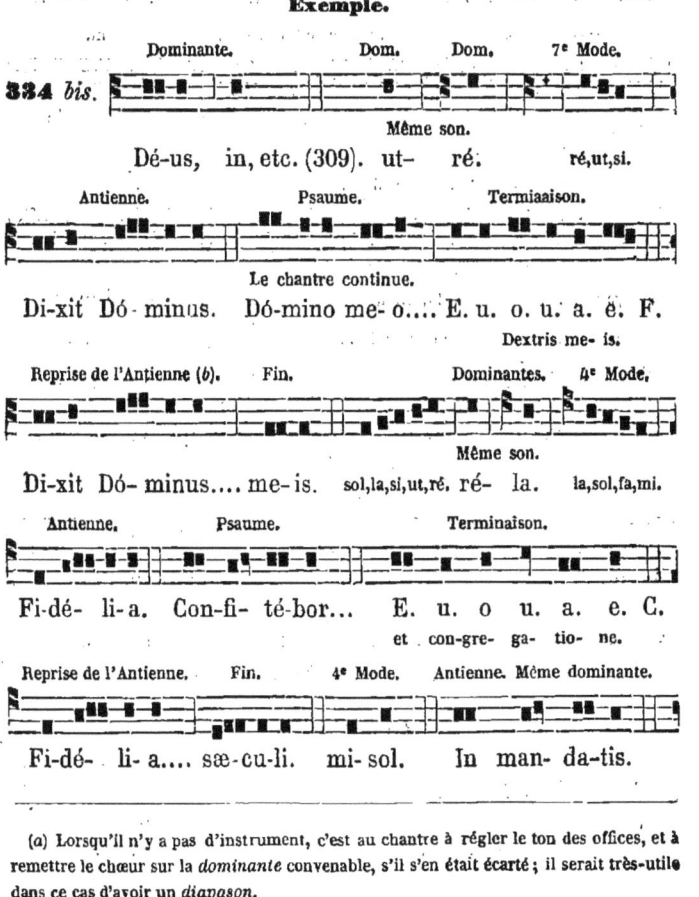

(*a*) Lorsqu'il n'y a pas d'instrument, c'est au chantre à régler le ton des offices, et à remettre le chœur sur la *dominante* convenable, s'il s'en était écarté ; il serait très-utile dans ce cas d'avoir un *diapason*.

(*b*) Après le *Psaume*, tout le chœur reprend l'*Antienne*.

— 158 —

EXEMPLES D'INTONATIONS D'*Antiennes*, DE *Psaumes* ET *Cantiques*,
CONFORMES AUX MODÈLES CI-DESSUS.

1ᵉʳ **Exemple.**

(a) Voir le chant spécial de l'*In exitu*,... page 146.

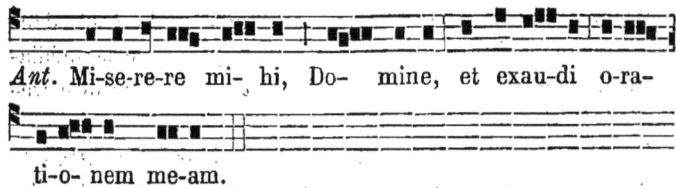

Ant. Mi-se-re-re mi- hi, Do- mine, et exau-di o-ra-ti-o- nem me-am.

2e Exemple.

Ant. 3e Mode. Salva nos. *Cant.* Nunc di-mit-tis... 3. D.

Ce *Cantique* n'a son intonation qu'au premier verset seulement.

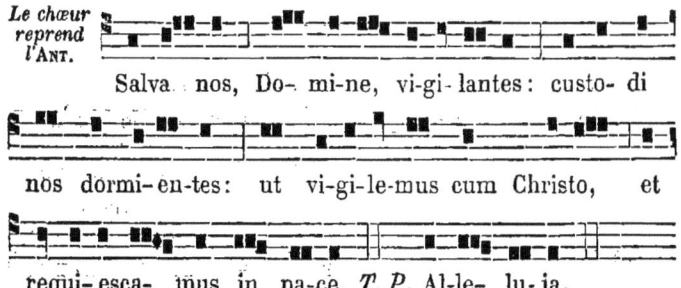

Le chœur reprend l'Ant. Salva nos, Do- mi-ne, vi-gi- lantes: custo- di nos dormi- en-tes: ut vi-gi-le-mus cum Christo, et requi- esca- mus in pa-ce. *T. P.* Al-le- lu- ia.

C'est ainsi que doivent s'enchaîner les *Psaumes* et les *Antiennes,* et à leur suite, le *Capitule,* le *Répons* s'il y en a, l'*Hymne* et son *verset,* les *Mémoires* et *oraisons,* tout enfin, de telle sorte que les *dominantes* soient soutenues constamment à la même hauteur pendant toute la durée de l'office. Cela s'appelle chanter à l'*unisson.*

§ III

TENUE ET PAUSE DANS LA PSALMODIE.

D. Qu'appelle-t-on *tenue?*
335. — R. On appelle *tenue* en Plain-Chant la continuation

— 160 —

d'un même son pendant quelques mesures (a). La *tenue* dans la psalmodie s'observe sur la *pénultième* syllabe de la médiation. Si cette *pénultième* syllabe était *brève*, la *tenue* s'observerait sur l'*antépénultième* (299).

D. Combien y a-t-il de sortes de repos dans la *psalmodie?*

336. — R. Il y a deux sortes de repos dans la *psalmodie:* le grand et le petit, qui doivent être plus ou moins longs, selon que le chant est plus ou moins solennel.

D. Où s'observent ces repos?

337. — R. Le grand repos s'observe au milieu (à l'astérisque *) et à la fin des versets des *Psaumes;* le petit repos s'observe dans le cours des versets longs, après plusieurs mots qui forment un sens.

Exemple.

Petit repos
ou barre de respiration.

Pará-tum cor ejus speráre in Dó-mino, confir-mátum

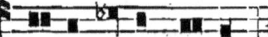

Grand repos
ou pause.   Petit repos
                                             ou barre de respiration.

tenue.

est cor e-jus; * non commové-bi-tur donec despí-ci-at

Grand repos
ou pause finale.

in-i-mí-cos su- os.   6e en C.

§ IV

338. — Pour que le chant produise un merveilleux effet dans la *psalmodie*, il est indispensable que tous les chantres s'accordent à faire les repos au même instant, et à prononcer

---

(a) Le mouvement qui règle les temps et les intervalles qu'il faut garder dans le chant.

ensemble la même syllabe.—Quand un chœur est bien exercé à la pratique des règles du chant, il en résulte pour l'exécution un ensemble bien satisfaisant. Est-il rien de plus majestueux que l'effet produit par des masses vocales qui s'élèvent, s'abaissent, parcourent tous les degrés des différents modes, et toujours avec tant de précision et de justesse, qu'on dirait entendre une seule voix.

La voix est le plus beau des instruments quand on l'exerce convenablement, mais c'est un don de Dieu dont il n'est pas juste de se prévaloir. « Malheur à ceux qui viendraient dans le lieu saint chercher des applaudissements, et satisfaire leur vanité, qui s'efforceraient de plaire au peuple plutôt qu'à Dieu, dit saint Bernard. » Il faut donc s'efforcer de plaire à Dieu seulement, et d'édifier le prochain, s'il est possible.

§ V

PSAUMES ET CANTIQUES DES *Vêpres* ET DES *Complies* DU DIMANCHE (*a*).

PSAUME 109.

Dixit Dóminus Dómino meo : * Sede a dextris meis ;
Donec ponam inimicos tuos * scabéllum pedum tuórum.
Virgam virtútis tuæ emittet Dóminus ex Sion : * domináre in médio inimicórum tuórum.
Tecum princípium in die virtútis tuæ in splendóribus Sanctórum : * ex útero ante lucíferum génui te.
Jurávit Dóminus, et non pœnitébit eum : * Tu es Sacérdos in ætérnum secúndum órdinem Melchisedech.
Dóminus a dextris tuis ; * confrégit in die iræ suæ reges.
Judicábit in natiónibus, implébit ruínas ; * conquassábit cápita in terra multórum.
De torrénte in via bibet ; * proptérea exaltábit caput.
Glória Patri, etc. (*b*).

(*a*) Il serait bon que les élèves s'exerçassent tous les jours pendant la semaine au chant des *Psaumes* et *Cantiques* du dimanche suivant.... Le commencement de cet office se trouve à la page 144, et les exercices d'élévation d'*Antiennes* et d'intonation de *Psaumes* à la page 157. Voir aussi le *Tableau des intonations*, pages 145 et suivantes.

(*b*) Les *Psaumes divers* se trouvent ci-devant, page 129.

PSAUME 110.

Confitébor tibi, Dómine, in toto corde meo, *in concílio justórum et congregatióne.

Magna ópera Dómini,* exquísita in omnes voluntátes ejus.

Conféssio et magnificéntia opus ejus, * et justítia ejus manet in sæculum sæculi.

Memóriam fecit mirabílium suórum miséricors et miserátor Dóminus : * escam dedit timéntibus se.

Memor erit in sæculum testaménti sui : * virtútem óperum suórum annuntiábit pópulo suo ;

Ut det illis hæreditátem géntium : * ópera mánuum ejus véritas et judícium.

Fidélia ómnia mandáta ejus, confirmáta in sæculum sæculi, * facta in veritáte et æquitáte.

Redemptiónem misit pópulo suo ; * mandávit in ætérnum testaméntum suum.

Sanctum et terríbile nomen ejus : * inítium sapiéntiæ timor Dómini.

Intelléctus bonus ómnibus faciéntibus eum : * laudátio ejus manet in sæculum sæculi.

Glória Patri, etc.

PSAUME 111.

Beatus vir qui timet Dóminum, * in mandátis ejus volet nimis.

Potens in terra erit semen ejus ; * generátio rectórum benedícetur.

Glória et divítiæ in domo ejus ; * et justítia ejus manet in sæculum sæculi.

Exórtum est in ténebris lumen rectis ; * miséricors, et miserátor, et justus.

Jucúndus homo, qui miserétur et cómmodat ; dispónet sermónes suos in judício ; * quia in ætérnum non commovébitur.

In memória ætérna erit justus ; * ab auditióne mala non timebit.

Parátum cor ejus speráre in Dómino, confirmátum est cor ejus : * non commovébitur, donec despíciat inimícos suos.

Dispérsit, dedit paupéribus, justítia ejus manet in sæculum sæculi ; * cornu ejus exaltábitur in glória.

Peccátor vidébit et irascétur ; déntibus suis fremet et tabéscet : * desidérium peccatórum períbit.

Glória Patri, etc.

PSAUME 112.

Laudate, púeri, Dóminum, * laudáte nomen Dómini.

Sit nomen Dómini benedíctum, * ex hoc nunc et usque in sæculum.

A solis ortu usque ad occásum, * laudábile nomen Dómini.

Excélsus super omnes gentes Dóminus ; * et super cœlos glória ejus.

Quis sicut Dóminus Deus noster, qui in altis hábitat, * et humília réspicit in cœlo et in terra?

Súscitans a terra ínopem,* et de stércore érigens páuperem ;

Ut collócet eum cum princípibus, * cum princípibus pópuli sui.

Qui habitáre facit stérilem in domo, * matrem filiórum lætántem.

Glória Patri, etc. (a).

PSAUME 113.

IN éxitu Israel de Ægypto, * domus Jacob de pópulo bárbaro.

Facta est Judæa sanctificátio ejus, *Israel potéstas ejus.

Mare vidit et fugit : * Jordánis convérsus est retrórsum.

Montes exsultavérunt ut aríetes, * et colles sicut agni óvium.

Quid est tibi, mare, quod fugísti ? * et tu, Jordánis, quia convérsus es retrórsum ?

Montes, exsultástis sicut aríetes ? * et colles, sicut agni óvium ?

A fácie Dómini mota est terra, * a fácie Dei Jacob.

Qui convértit petram in stagna aquárum ; * et rupem in fontes áquarum.

Non nobis, Dómine, non nobis : * sed nómini tuo da glóriam.

Super misericórdia tua et veritáte tua,*nequándo dicant gentes : Ubi est Deus eórum.

Deus autem noster in cœlo ; * ómnia quæcúmque vóluit, fecit.

Simulácra géntium argéntum et aurum ; * ópera mánuum hóminum.

Os habent, et non loquéntur ; * óculos habent, et non vidébunt.

Aures habent, et non áudient ; * nares habent, et non odorábunt.

Manus habent, et non palpábunt : pedes habent et non ambulábunt ; * non clamábunt in gútture suo.

Símiles illis fiant qui fáciunt ea, * et omnes qui confídunt in eis.

Domus Israel sperávit in Dómino ; * adjútor eórum et protéctor eórum est.

Domus Aaron sperávit in Dómino ; * adjútor eórum et protéctor eórum est.

Qui timent Dóminum speravérunt in Dómino ; * adjútor eórum et protéctor eórum est.

Dóminus memor fuit nostri, * et benedíxit nobis.

Benedíxit dómui Israel, * benedíxit dómui Aaron.

Benedíxit ómnibus qui timent Dóminum, * pusillis cum majóribus.

Adjíciat Dóminus super vos, * super vos et super filios vestros.

Benedícti vos a Dómino, * qui fecit cœlum et terram.

(a) Les *Psaumes* de l'office de la Sainte Vierge se trouvent ci-devant, page 133.

Cœlum cœli Dómino, * terram autem dedit fíliis hóminum.

Non mórtui laudábunt te, Dómine, * neque omnes qui descéndunt in inférnum.

Sed nos qui vívimus, benedícimus Dómino, * ex hoc nunc et usque in sæculum.

Glória Patri, etc.

Hymne *Lucis Creator optime*, ci-devant, page 134.

Nota. — Le ℣. d'après les *Hymnes* se chante comme le ℣. *Custodi nos...* des *In manus...* ci-après.

CANTIQUE DE LA SAINTE VIERGE.

Magníficat * ánima mea Dóminum.

Et exsultávit spíritus meus * in Deo salutári meo ;

Quia respéxit humilitátem ancíllæ suæ : * ecce enim ex hoc beátam me dicent omnes generatiónes.

Quia fecit mihi magna qui potens est ; * et sanctum nomen ejus.

Et misericórdia ejus a progénie in progénies * timéntibus eum.

Fecit poténtiam in bráchio suo : * dispérsit supérbos mente cordis sui.

Depósuit poténtes de sede, * et exaltávit húmiles.

Esuriéntes implévit bonis, * et dívites dimísit inánes.

Suscépit Israel púerum suum, * recordátus misericórdiæ suæ.

Sicut locútus est ad patres nostros, * Abraham, et sémini ejus in sæcula.

Glória Patri, etc.

Les ℣℣. des *Mémoires* se chantent comme le ℣. *Dirigatur*,.... ci-devant, page 116, n° 219.

A COMPLIES (a).

PSAUME 4.

Cum invocárem, exaudívit me Deus justítiæ meæ : * in tribulatióne dilatásti mihi.

Miserére mei, * et exáudi oratiónem meam.

Fílii hóminum, úsquequo gravi corde ? * ut quid diligitis vanitátem, et quæritis mendácium ?

Et scitóte quóniam mirificá-

(a) Cet office commence ainsi : Le Lecteur. *Jube, Domne, benedicere.*

Bénédiction : Noctem.... Leçon brève. *Fratres, Sobrii estote, et vigilate, quia adversarius vester diabolus tanquam leo rugiens circuit, quærens quem devoret ; cui resistite fortes in fide. Tu autem, Domine, miserere nobis.*

℟. Deo gratias. ℣. Adjutorium, etc. ℣. Deus, in... ci-devant, page 145.

vit Dóminus sanctum suum : * Dóminus exáudiet me, cum clamávero ad eum.

Irascímini, et nolíte peccáre : * quæ dicítis in córdibus vestris, in cubílibus vestris compungímini.

Sacrificáte sacrifícium justítiæ, et speráte in Dómino : * multi dicunt : Quis osténdit nobis bona ?

Signátum est super nos lumen vultus tui, Domine, * dedísti lætítiam in corde meo.

A fructu fruménti, vini et ólei sui, * multiplicáti sunt.

In pace in idípsum * dórmiam, et requiéscam.

Quóniam tu, Dómine, singuláriter in spe * constituísti me.

Glória Patri, etc.

PSAUME 30.

IN te, Dómine, sperávi ; non confúndar in ætérnum ; * in justítia tua libera me.

Inclína ad me aurem tuam, * accélera ut éruas me.

· Esto mihi in Deum protectórem, et in domum refúgii, * ut salvum me fácias.

Quóniam fortitúdo mea et refúgium meum es tu ; * et propter nomen tuum dedúces me, et enútries me.

Edúces me de láqueo hoc quem abscondérunt mihi ; * quóniam tu es protéctor meus.

In manus tuas comméndo spíritum meum, * redemísti me, Dómine, Deus veritátis.

Glória Patri, etc.

PSAUME 90.

QUI hábitat in adjutório Altíssimi, * in protectióne Dei cœli commorábitur.

Dicet Dómino : Suscéptor meus es tu, et refúgium meum : * Deus meus, sperábo in eum.

Quóniam ipse liberávit me de láqueo venántium, * et a verbo áspero.

Scápulis suis obumbrábit tibi, * et sub pennis ejus sperábis.

Scuto circumdábit te véritas ejus ; * non timébis a timóre noctúrno,

A sagítta volánte in die, a negótio perambulánte in ténebris, * ab incúrsu et dæmónio meridiáno.

Cadent a látere tuo mille, et decem míllia a dextris tuis ; * ad te autem non appropinquábit.

Verúmtamen óculis tuis considerábis, * et retributiónem peccatórum vidébis.

Quóniam tu es, Dómine, spes mea : * Altíssimum posuísti refúgium tuum,

Non accédet ad te malum, * et flagéllum non appropinquábit tabernáculo tuo.

Quóniam Angelis suis mandávit de te, * ut custódiant te in ómnibus viis tuis.

In mánibus portábunt te, * ne forte offéndas ad lápidem pedem tuum.

Super áspidem et basilíscum ambulábis, * et conculcábis leónem et dracónem.

Quóniam in me sperávit, liberábo eum : * prótegam eum, quóniam cognóvit nomen meum.

Clamábit ad me, et ego exáudiam eum ; * cum ipso sum in tribulatióne ; erípiam eum, et glorificábo eum.

Longitúdine diérum replébo eum, * et osténdam illi salutáre meum.

Glória Patri, etc.

PSAUME 133.

Ecce nunc benedícite Dóminum, * omnes servi Dómini.

Qui statis in domo Dómini, * in átriis domus Dei nostri.

In nóctibus extóllite manus vestras in sancta, * et benedícite Dóminum.

Benedícat te Dóminus ex Sion, * qui fecit cœlum et terram.

Glória Patri, etc.

Hymne *Te lucis ante términum*, ci-devant, page 134.

CANTIQUE DE SAINT SIMÉON.

Nunc dimíttis servum tuum, Dómine, * secúndum verbum tuum in pace.

Quia vidérunt óculi mei * salutáre tuum ;

Quod parásti * ante fáciem ómnium populórum,

Lumen ad revelatiónem géntium, * et glóriam plebis tuæ Israel.

Glória Patri, etc.

LEÇON VINGT-CINQUIÈME.

DES RÉPONS.

D. Combien y a-t-il de sortes de *répons* ?

339. — R. Il y a deux sortes de *répons* : les *grands répons*, dont nous avons parlé, page 86, n° 188 et suiv., et les *répons brefs*, dont nous parlerons aux *Complies*, n° 372 et suiv.

D. Quand chante-t-on les *grands répons* ?

340. — R. On chante les *grands répons* aux processions et après les leçons à *Matines*.

D. Comment doit-on chanter les *grands répons* ?

341. — R. On doit chanter les *grands répons* gravement, mais

— 167 —

avec aisance, en faisant une pause à la fin de chaque phrase de chant. Un *grand répons* se compose ordinairement de six parties, comme on peut le voir dans l'exemple suivant :

Exemple.

3ᵉ NOCTURNE DE L'OFFICE DE LA NATIVITÉ.

VIIIᵉ Répons.

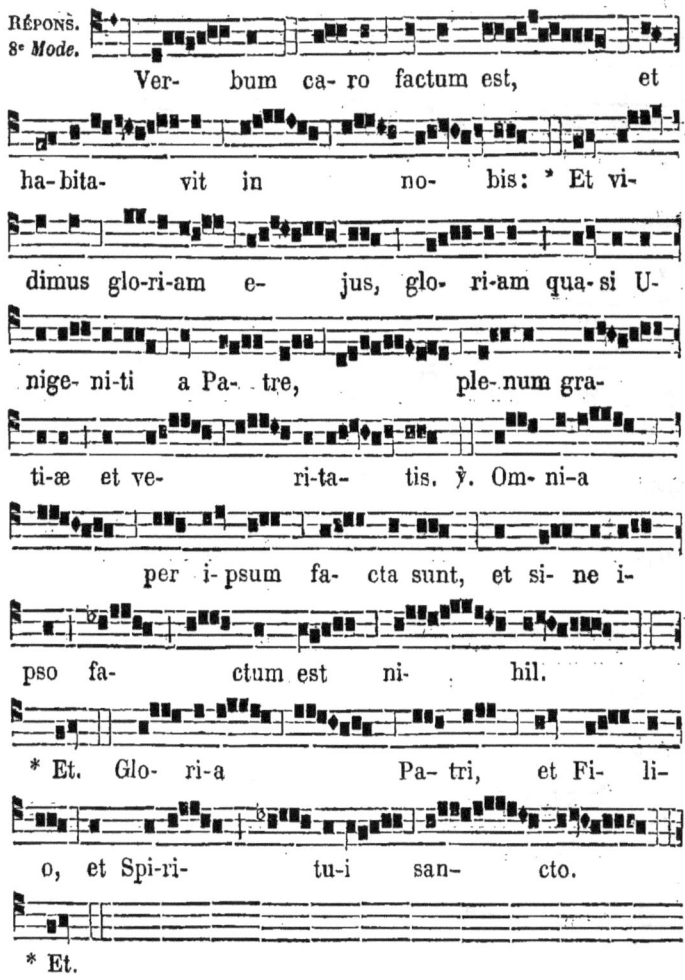

— 168 —

Il y a autant de formules de *Gloria Patri* qu'il y a de modes, pour les *Répons* qui en manquent. Nous les donnons ci-après pour exemples.

§ Ier

342. — CHANT DU *Gloria Patri* A LA FIN DES RÉPONS, DES PROCESSIONS ET AUTRES, SELON LES DIFFÉRENTS MODES.

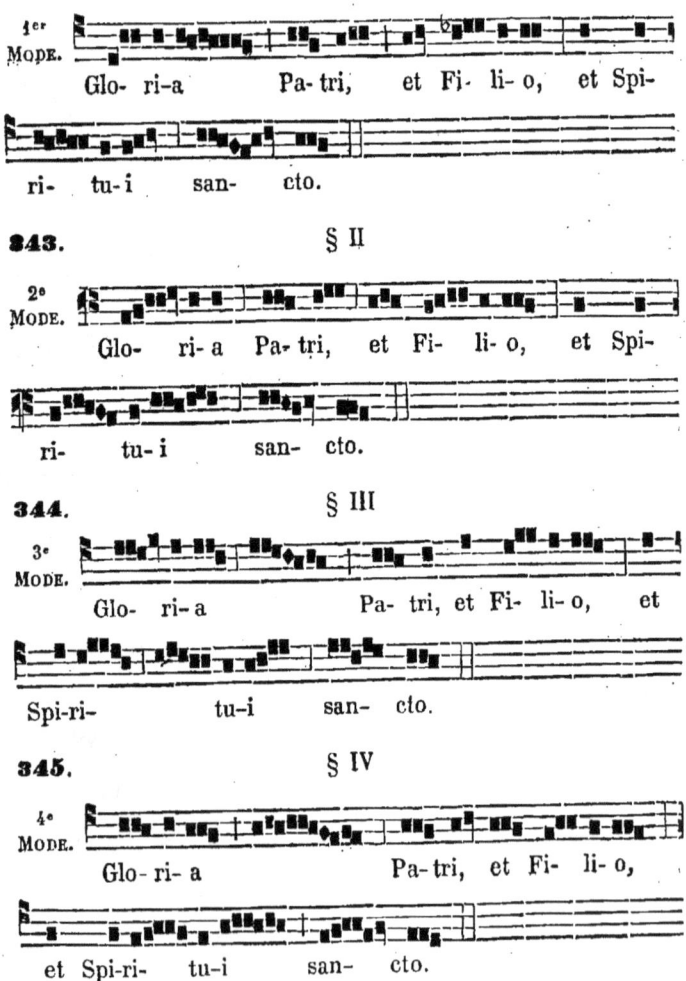

1er MODE.
Glo- ri-a Pa- tri, et Fi- li- o, et Spi- ri- tu-i san- cto.

343. § II

2e MODE.
Glo- ri-a Pa- tri, et Fi- li- o, et Spi- ri- tu-i san- cto.

344. § III

3^e MODE.
Glo- ri-a Pa- tri, et Fi- li- o, et Spi-ri- tu-i san- cto.

345. § IV

4^e MODE.
Glo- ri- a Pa- tri, et Fi- li- o, et Spi-ri- tu- i san- cto.

— 169 —

346. § V

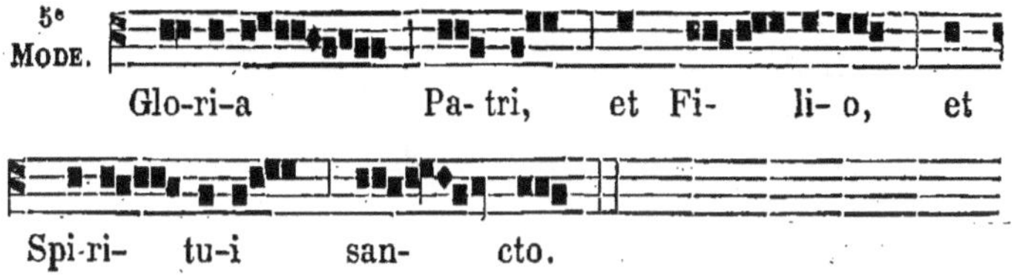

5e MODE.

Glo-ri-a Pa- tri, et Fi- li- o, et Spi-ri- tu-i san- cto.

347. § V *bis.*

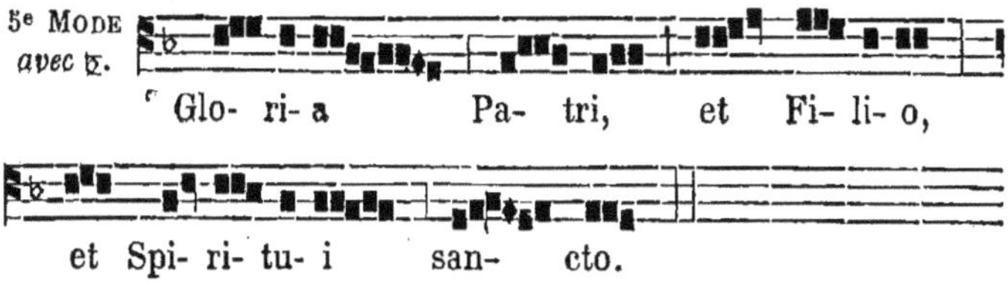

5e MODE avec ℣.

Glo- ri- a Pa- tri, et Fi- li- o, et Spi- ri- tu- i san- cto.

348. § VI

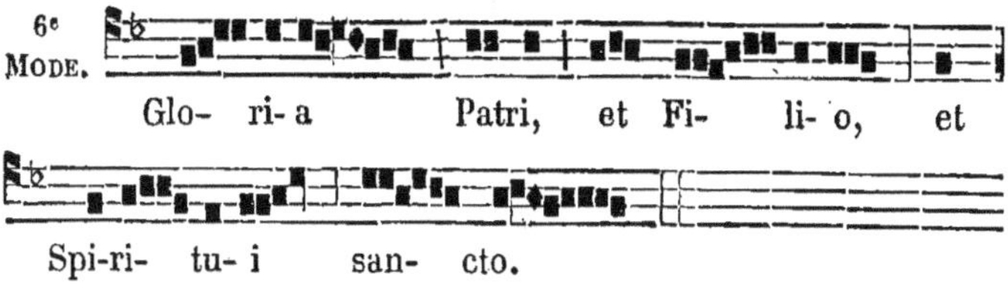

6e MODE.

Glo- ri- a Patri, et Fi- li- o, et Spi-ri- tu- i san- cto.

349. § VII

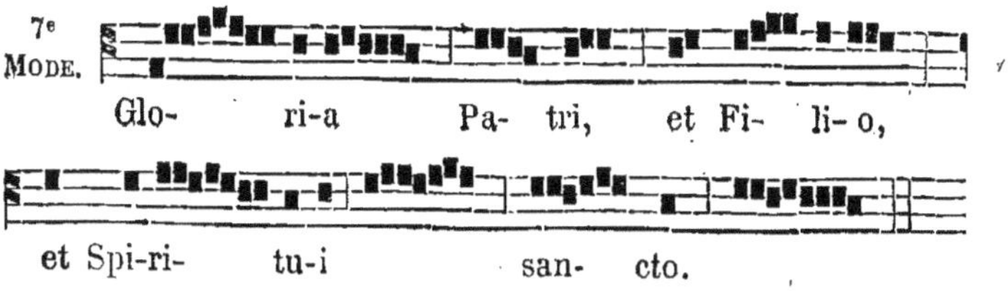

7e MODE.

Glo- ri-a Pa- tri, et Fi- li- o, et Spi-ri- tu- i san- cto.

— 170 —

350. § VIII

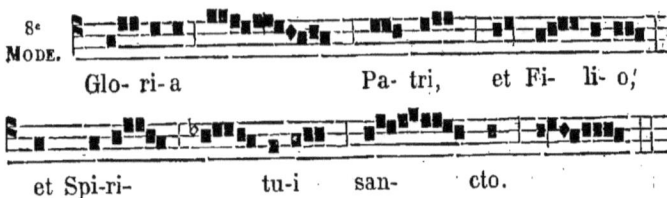

Glo- ri- a   Pa- tri,   et Fi- li- o,
et Spi-ri-   tu-i   san-   cto.

351. — INTONATION DES *Gloria in excelsis* ET *Credo* SELON LES DIFFÉRENTES SOLENNITÉS (*a*).

§ Ier

352.   AUX DOUBLES DE 1re CLASSE. — No 1er.

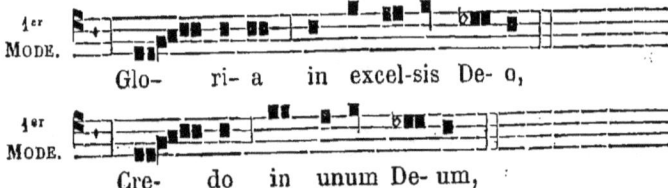

Glo-   ri- a   in excel-sis De- o,
Cre-   do   in unum De- um,

§ II

352 bis.   AUX DOUBLES DE 1re CLASSE. — No 2.

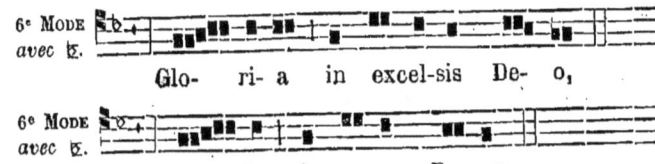

Glo-   ri- a   in excel-sis De- o,
Cre-   do   in u-num De- um,

(*a*) Les *Ite, Missa est* sont notés ci-devant, pages 121 et suivantes.

§ III

353. — Aux doubles de 2e classe. (*Les Fêtes de la Sainte Vierge exceptées*). — N° 1er.

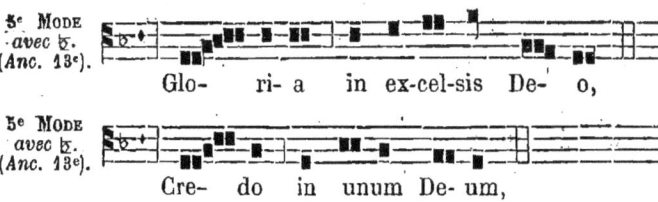

§ IV

354. — Aux doubles de 2e classe. (*Les Fêtes de la Sainte Vierge exceptées*). — N° 2.

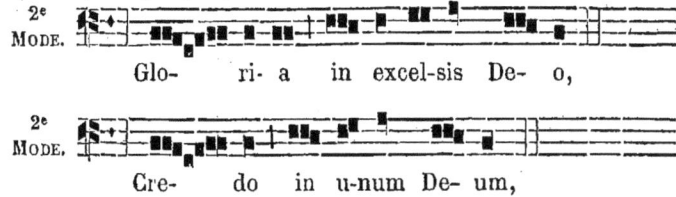

§ V

355. — Aux fêtes de la Sainte Vierge. (*Doubles de 2e Classe et Doubles-majeures.*)

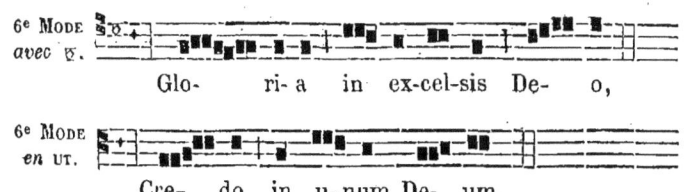

— 172 —

§ VI

356. — AUX FÊTES DOUBLES-MAJEURES. (*Les Fêtes de la Sainte Vierge exceptées*).

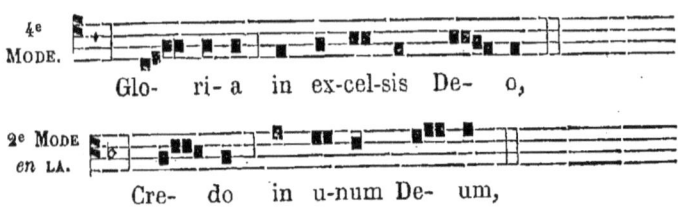

§ VII

357. — AUX FÊTES DOUBLES. (*Hors le Temps Pascal, et les Fêtes de la Sainte Vierge exceptées*). — N° 1er.

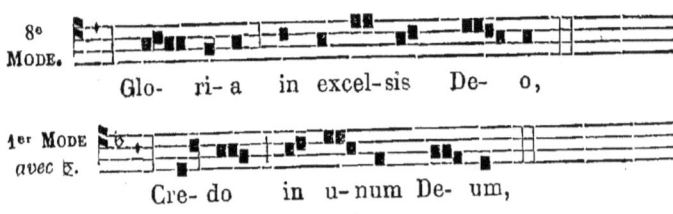

§ VIII

358. — AUX FÊTES DOUBLES. (*Hors le Temps Pascal, et les Fêtes de la Sainte Vierge exceptées*). — N° 2.

§ IX

359. — AU TEMPS PASCAL. (*Fêtes doubles et Dimanches*).

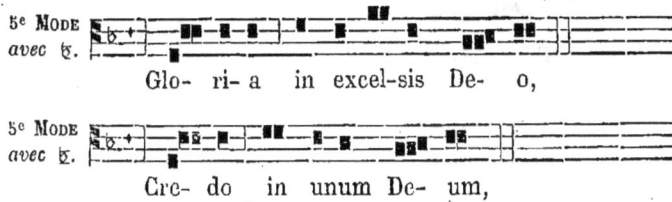

§ X

360. — AUX DIMANCHES ORDINAIRES. (*Hors le Temps Pascal*).

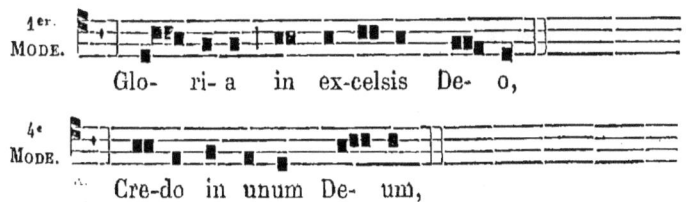

§ XI

361.   AUX DIMANCHES DE L'AVENT,

ET DEPUIS LA SEPTUAGÉSIME JUSQU'AU 4º DIMANCHE DE CARÊME.

On ne dit point de Gloria. — *Le* Credo, *comme aux Dimanches ordinaires, ci-dessus* (nº 360).

§ XII

362. — AUX DIMANCHES DE LA PASSION ET DES RAMEAUX.

On ne dit point Gloria in excelsis. — *Le* Credo, *comme aux Dimanches ordinaires, ci-dessus* (nº 360).

§ XIII

363. — AUX MESSES DU SAINT-SACREMENT. (*Doubles et Semi-doubles*).

6ᵉ Mode avec ♭.
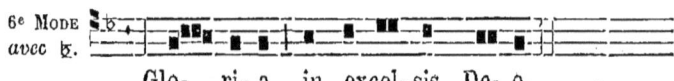
Glo- ri- a in excel-sis De- o,

Aux Messes Doubles, le Credo, *comme aux Fêtes doubles, ci-devant,* nᵒ 1ᵉʳ, page 172.

Aux Messes Semi-doubles, le Credo, *comme aux Dimanches ordinaires, hors le Temps Pascal* (360).

§ XIV

364. — AUX MESSES DE LA SAINTE VIERGE. (*Doubles et Semi-doubles*).

7ᵉ Mode.
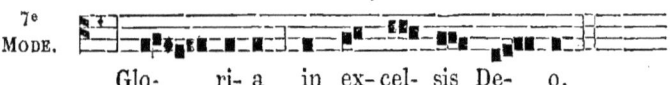
Glo- ri- a in ex- cel- sis De- o,

Aux Messes Doubles, le Credo, *comme aux Fêtes Doubles.* — Nᵒ 2, page 172.

Aux Messes Semi-doubles, le Credo, *comme aux Dimanches ordinaires* (360).

§ XV

365. AUX SEMI-DOUBLES ET AUX SIMPLES.

(*Excepté aux Messes du Saint-Sacrement et de la Sainte Vierge*).

2ᵉ Mode.
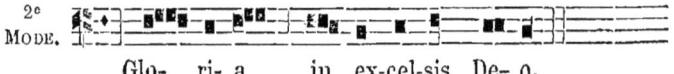
Glo- ri- a in ex-cel-sis De- o,

Le Credo (*si on le chante*) *comme aux Dimanches ordinaires.*

§ XVI

366. — MESSE *ad libitum* POUR LES FÊTES SOLENNELLES.

5ᵉ Mode en ut.
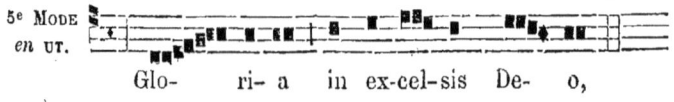
Glo- ri- a in ex-cel-sis De- o,

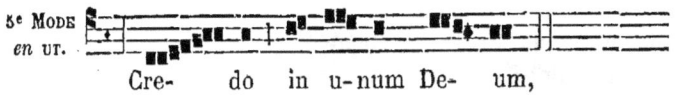
Cre- do in u-num De- um,

§ XVII

367. — CREDO *ad libitum* POUR LES FÊTES SOLENNELLES.

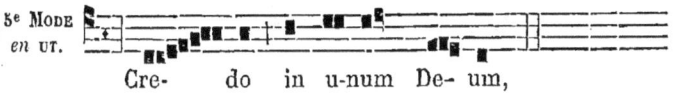
Cre- do in u-num De- um,

LEÇON VINGT-SIXIÈME.

DES PROSES ET DES HYMNES.

D. Quelle différence y a-t-il entre le chant des *Proses* et des *Hymnes* et le Plain-Chant ordinaire ?

368. — R. Le chant des *Proses* et des *Hymnes* est plus gai que le Plain-Chant proprement dit, et n'en suit pas les règles. Dans les morceaux de Plain-Chant, la mélodie marche avec le texte, et doit avoir les mêmes repos que lui ; au lieu que dans les *Proses* et les *Hymnes* le chant est tellement assujetti au rhythme, qu'il a presque toujours une pause à la fin de chaque vers, que le sens soit fini ou non.

D. Les *Proses* et les *Hymnes* sont-elles soumises aux mêmes règles et s'exécutent-elles de la même manière ?

369. — R. Les *Proses* et les *Hymnes* sont soumises aux mêmes règles et se chantent de la même manière, ayant une notation semblable, souvent syllabique ou peu chargée de notes sur chaque syllabe.

D. Comment se terminent les *Proses* et les *Hymnes* ?

370. — R. Les *Proses* et les *Hymnes* se terminent souvent par une prière, alors la mesure se ralentit ou même disparaît, et le chant devient plus grave.

Les *Proses* furent encore appelées *séquences*, parce qu'elles étaient comme la suite de l'*Alleluia* (203) et notées sur le *neume* considérable qui le suivait.

— 176 —

Beaucoup de *Proses* se chantent gravement. Telle est la *Prose* du Saint-Sacrement, que nous donnons ci-dessous.

371. **Prose.**

(*Graduel*, page 231).

7ᵉ Mode (*Mixte*).

Lau-da, Si-on, Salva-to-rem, Lau-da ducem et pasto- rem, In hymnis et can-ti-cis. Quan-tum potes, tantum au-de; Qui- a ma-jor om-ni lau-de, Nec lau-da-re suf-fi-cis. Lau-dis thema spe-ci-a- lis, Panis vi-vus et vi-ta-lis Ho-di- e pro-po-ni-tur. Quem in sacræ mensa cœ- næ, Turbæ fratrum du- o-de- næ Datum non am-bi-gi-tur. Sit laus ple-na, sit so- no-ra, Sit ju-cun-da, sit de-co-ra Mentis ju-bi-la-ti- o. Di- es e-nim so-lemnis a-gi-tur, In qua men-sæ prima re-co-li-tur Hu-jus insti-tu-ti-o.

— 177 —

In hac men-sa no-vi Regis, Novum Pascha novæ le-gis Pha-se vetus ter-minat. VE-TU-STA-TEM no-vi-tas, Um-bram fu-gat ve- ri-tas, Noctem lux e-li-mi-nat. Quod in cœna Chri-stus ges-sit, Fa-ci-en-dum hoc expressit In su- i me-mo-ri-am.

Docti sacris in-sti- tu-tis, Pa-nem, vi-num in sa-lu-tis Conse-cramus ho-sti- am. Dog-ma da-tur Chri-sti- a-nis, Quod in carnem transit panis, Et vinum in sangui-nem. Quod non capis, quod non vi-des, Ani- mo-sa firmat fides, Præ-ter re-rum or-dinem.

Sub di-ver-sis spe-ci- e-bus, Signis tantum et non re-bus, Latent res ex-i-mi-æ. Ca-ro ci-bus, san-

12

guis po-tus: Manet tamen Christus to-tus Sub utra-

que spe-ci- e. A su- mente non con-ci- sus, Non

con-fractus, non di-vi-sus: In-teger ac-ci-pi-tur.

Su-mit u-nus, sumunt mil-le: Quantum i-sti tantum

il- le: Nec sumptus con-su-mi-tur. Su-munt bo-ni,

sumunt ma- li, Sor-te tamen in-æ-qua-li, Vi-tæ, vel

in-ter- i-tus. Mors est ma-lis, vi-ta bo- nis: Vi-de pa-

ris sum-pti- o-nis Quam sit dispar ex-i-tus. Fracto

demum Sa-cramen-to, Ne va-cil-les, sed me-men-to

Tantum esse sub fragmento, Quantum toto te-gitur.

Nulla re-i fit scissu-ra: Signi tantum fit fractu-ra:

Qua nec status nec sta-tu- ra Signa-ti mi- nu- i-tur.

* Ecce panis Angelorum, Factus cibus viatorum: Vere panis filiorum, Non mittendus canibus. In figuris præsignatur, Cum Isaac immolatur, Agnus Paschæ deputatur, Datur manna patribus. Bone Pastor, panis vere, Jesu, nostri miserere: Tu nos pasce, nos tuere: Tu nos bona fac videre In terra viventium. Tu qui cuncta scis et vales, Qui nos pascis hic mortales: Tuos ibi commensales, Cohæredes et sodales Fac sanctorum civium. Amen. Alleluia.

§ Ier

DES HYMNES EN PARTICULIER.

D. En quoi consiste la différence de l'*Hymne* à celle du *Psaume* ?

372.—R. L'inspiration et la composition de l'*Hymne* diffèrent de celles du *Psaume* et du *Cantique*, en ce que le *Psaume* raconte les merveilles des ouvrages de Dieu, l'*Hymne* fait retentir ses louanges, le *Cantique* est le tressaillement de joie de l'âme. La dernière strophe des *Hymnes* se nomme *Doxologie*, parce qu'elle contient un hommage à la Sainte Trinité. Et dans les jours de fêtes, elle exprime aussi le mystère qui fait l'objet de la solennité. Nous donnerons pour exemples le chant de quelques *Hymnes* seulement.

1° Hymne des Vêpres ordinaires.

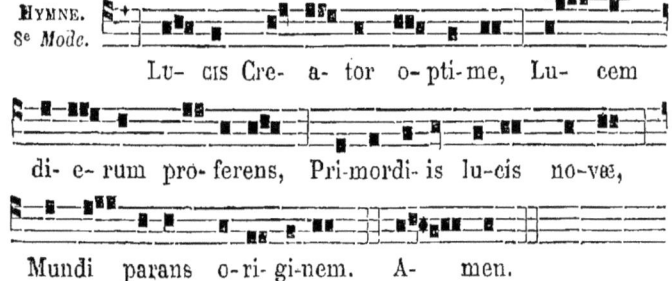

2° Hymne au Saint-Sacrement.

— 181 —

effudit gen-ti- um. TANTUM er-go Sa-cramen-tum

Ve- ne-remur cer-nu- i : Et antiquum documentum

Novo cedat ri- tu- i Præstet fi-des supplementum

Sensu-um de- fe- ctu- i. GE-NI-TO-RI Ge-ni-to- que

Laus et ju-bi-la- ti- o, Sa-lus, honor, virtus quo-

que Sit et be-ne-di-cti- o : Pro-cedenti ab u-tro-

que Compar sit lau-da- ti- o. A- men.

3° Autre.

HYMNE.
5° avec ℣.
(Anc. 13°).

SACRIS so-lem-ni- is juncta sint gaudi-a,

Et ex præcor-di- is so-nent præ-co-ni- a : Re-ce-dant

ve-tera, no-va sint om-ni- a Cor- da, vo-

ces, et o- pe- ra. PANIS ange- li-cus fit panis

ho-minum ; Dat panis cœ- li-cus fi-gu-ris ter-mi-

— 182 —

num; O res mi-ra-bi-lis! man-ducat Do-minum
Pau-per, ser-vus et hu-mi-lis. A- men.

4° Autre.

HYMNE.
8e Mode.

O SA- LU-TA- ris Ho-sti- a, Quæ cœ-li pan-dis o- sti- um, Bel-la premunt ho-sti- li- a, Da ro- bur, fer au- xi- li- um. UNI tri-no-que Do-mi-no Sit sem-pi-ter-na glo- ri- a, Qui vi-tam si-ne ter-mi-no No-bis do- net in pa-tri- a. A- men.

5° Hymne à la Sainte Vierge.

HYMNE.
1er Mode.

MONSTRA te esse ma- trem; Su-mat per te preces, Qui pro nobis na-tus, Tu-lit esse tu- us. SIT laus De- o Pa- tri, Summo Chri-

sto decus, Spi- ri- tu- i san- cto, Tri- bus ho- nor unus. A- men.

6° Hymne à Notre-Dame des sept douleurs.

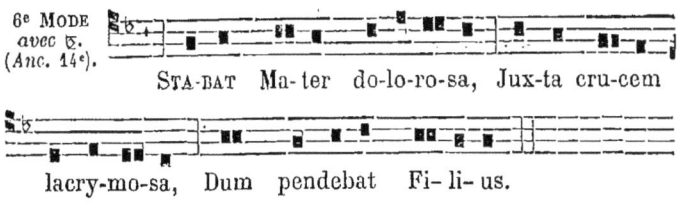
6ᵉ MODE avec ♭. (Anc. 14ᵉ).
STA-BAT Ma- ter do- lo- ro- sa, Jux-ta cru- cem lacry-mo-sa, Dum pendebat Fi- li- us.

7° Pendant le Carême.

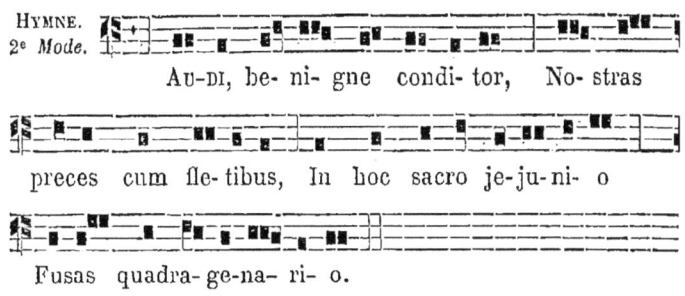
HYMNE. 2ᵉ Mode.
AU-DI, be- ni- gne condi- tor, No- stras preces cum fle- tibus, In hoc sacro je- ju- ni- o Fusas quadra- ge- na- ri- o.

8° Au Temps de la Passion.

HYMNE. 1ᵉʳ Mode.
O CRUX, a-ve, spes u- ni- ca! Hoc Pas- si- o- nis tempo-re, Pi- is ad au- ge gra- ti- am, Re- is-que de- le cri- mi- na.

9° Au Temps Pascal.

HYMNE.
8ᵉ Mode.

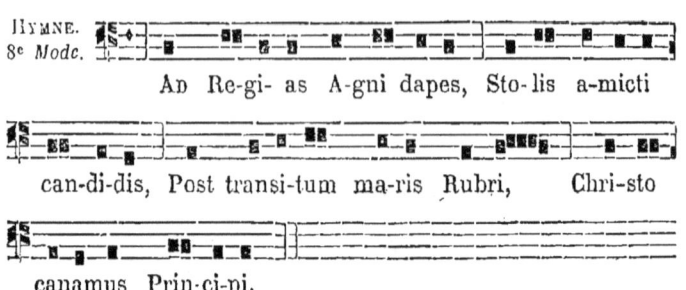

Ad Re-gi- as A-gni dapes, Sto- lis a-micti can-di-dis, Post transi-tum ma-ris Rubri, Chri-sto canamus Prin-ci-pi.

10° Chant joyeux pour le Temps Pascal.

2ᵉ Mode.

Alle-lu-ia, alle-lu- ia, alle- lu- ia. O fi-li-i et fi- li-æ, Rex cœ-lestis, Rex glo- ri-æ, Morte surre- xit hodi- e, alle-lu- ia.

11° Hymne de la Pentecôte.

8ᵉ Mode en UT.

Ve-ni, Cre- a-tor Spi- ri-tus, Mentes tu-o-rum vi- si-ta; Im-ple su- per-na gra- ti- a Quæ tu cre- a-sti pe-cto-ra.

Après le *Capitule*, suivi du *Deo gratias* par le chœur, on chante l'*Hymne* du dimanche, du temps ou de la fête, et son *verset*, puis l'antienne de *Magnificat*, et le *Magnificat*, après lequel on répète l'*Antienne* (319).

§ II

DES MÉMOIRES.

D. Qu'appelle-t-on *Mémoires*?

373.—R. On appelle *Mémoire* une *antienne* propre qui rappelle la fête d'un Saint ou d'une Sainte qui n'a droit qu'à cette partie de l'office. Cette *mémoire* se chante après *Magnificat* et son *antienne*. Il y a ordinairement plusieurs *mémoires*, qui sont toutes suivies de ℣., ℟. et *Oremus*.

D. Comment termine-t-on les *Vêpres*?

374. — R. Après les *Mémoires*, on termine les *Vêpres* par le chant solennel du *Benedicamus* et du *Deo gratias*, comme il suit.

Exemples :

§ III

CHANT DU *Benedicamus Domino*.

A VÊPRES ET A LAUDES.

375. AUX FÊTES DOUBLES DE PREMIÈRE CLASSE.

N° 1er.
3e MODE
avec ♭.
(Anc. 13e).

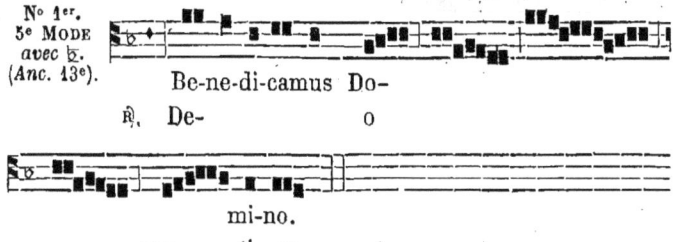

Be-ne-di-camus Do-mi-no.

℟. De- o gra- ti- as.

§ IV

376. — Aux fêtes doubles de deuxième classe. (*Les Fêtes de la Sainte Vierge exceptées*).

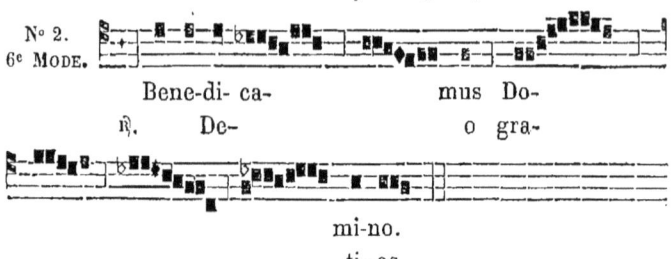

N° 2.
6ᵉ Mode.

Bene-di-ca- mus Do-
℟. De- o gra-
mi-no.
ti- as.

§ V

377. — Aux fêtes de la Sainte Vierge. (*Deuxième Classe et Doubles-majeures*).

N° 3.
2ᵉ Mode.

Be-ne- di-ca- mus Do-
mi-no. ℟. De-
o gra-
ti- as.

§ VI

378. — Aux fêtes doubles-majeures. (*Fêtes de la Sainte Vierge exceptées*).

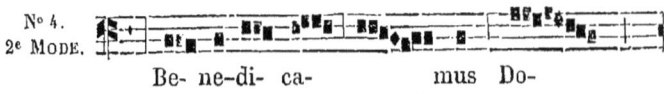

N° 4.
2ᵉ Mode.

Be- ne- di- ca- mus Do-

— 187 —

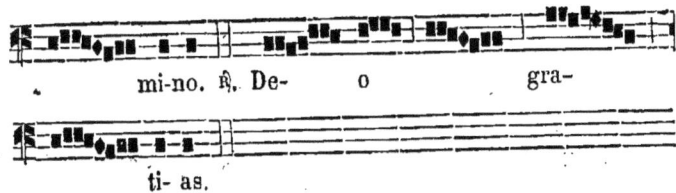

§ VII

379. — AUX FÊTES DOUBLES, AUX DIMANCHES ET AUX SEMI-DOUBLES.

(*Temps Pascal excepté*).

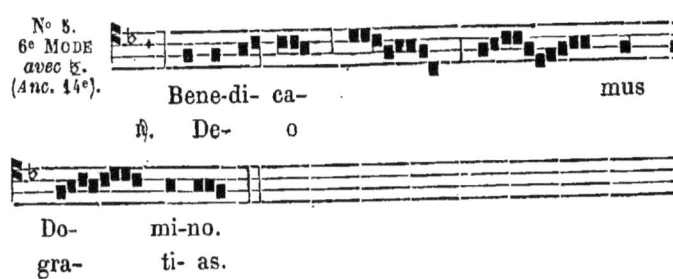

§ VIII

380. — AUX DIMANCHES ET FÊTES DOUBLES DU TEMPS PASCAL.

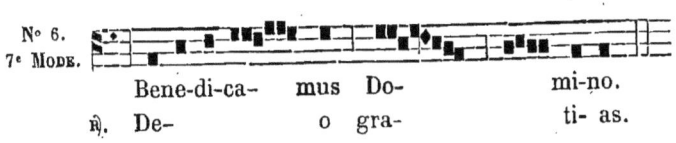

§ IX

381. AUX DIMANCHES DE L'AVENT ET DU CARÊME.

§ X

382.   AUX SIMPLES ET AUX FÉRIES.

N° 8.
5ᵉ Mode.

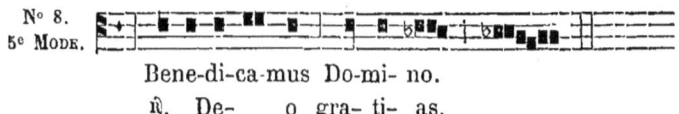

Bene-di-ca-mus Do-mi- no.
℟. De- o gra- ti- as.

§ XI

383.   CHANTS DES VERSETS.

POUR LES VERSETS DE MATINES, ET LE VERSET D'APRÈS L'HYMNE
A LAUDES ET A VÊPRES.

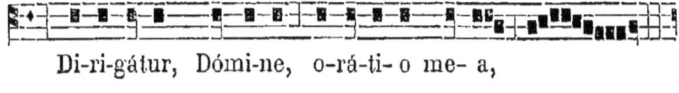

Di-ri-gátur, Dómi-ne, o-rá-ti- o me- a,

℟. Sicut in-cénsum in con-spéctu tu- o.

A l'Office des Morts, et les jeudi, vendredi et samedi de la Semaine Sainte.

℣. Au-di-vi..... di-cen-tem mi-hi.

§ XII

384. — VERSETS DES MÉMOIRES, DES ANTIENNES A LA Sᵀᴱ VIERGE,
DE LA BÉNÉDICTION, ETC.

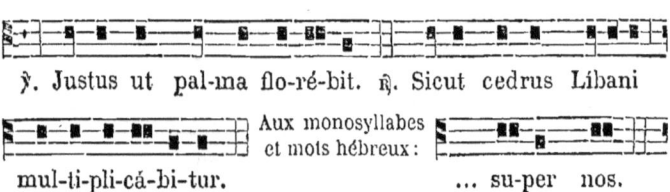

℣. Justus ut pal-ma flo-ré-bit.   ℟. Sicut cedrus Libani

Aux monosyllabes
et mots hébreux :

mul-ti-pli-cá-bi-tur.   ... su-per nos.

Is-ra- el.

§ XIII

385. VERSETS DE LA FIN DE L'OFFICE.

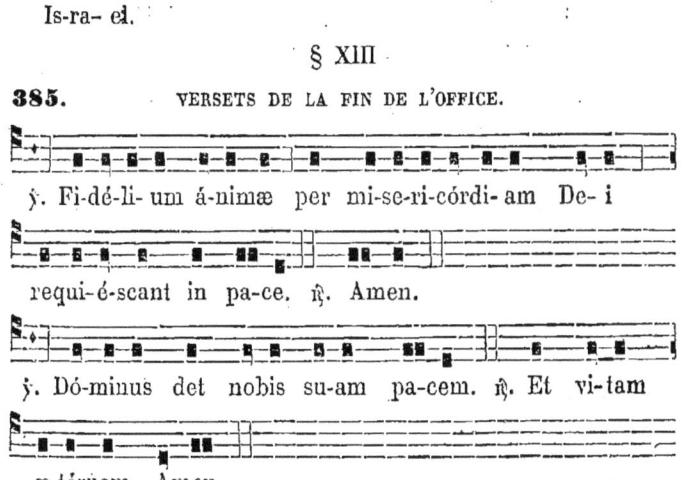

℣. Fi-dé-li- um á-nimæ per mi-se-ri-córdi- am De- i requi-é-scant in pa-ce. ℟. Amen.

℣. Dó-minus det nobis su-am pa-cem. ℟. Et vi-tam æ-térnam. Amen.

LEÇON VINGT-SEPTIÈME.

DES COMPLIES.

D. Par où commence-t-on les *Complies?*

386. — R. On commence les *Complies* — par la récitation d'une leçon brève — et du *Confiteor.* Après le chant d'introduction *Converte nos* et *Deus, in adjutorium,* on chante quatre *Psaumes* sous la même *Antienne,* l'hymne *Te lucis,* dont le chant varie suivant le temps ou la fête, ensuite le répons bref *In manus tuas,* ainsi que son *verset,* et enfin le cantique de saint Siméon *Nunc dimittis* (a) avec son *antienne.* Les intonations des *Psaumes* et *Cantiques* des *Complies* commencent sur la *dominante,* et se poursuivent de même à tous les versets, en observant la *médiation,* la *teneur* et la *terminaison* comme aux *Psaumes* des *Vêpres* (334 *bis*).

(a) Ce *Cantique* n'a son intonation qu'au premier ℣. ; les autres se prennent sur la *dominante.*

387.   **Commencement des Complies.**

Le Lecteur: Jube, domne, bene-di-ce-re. Bénéd.: Noctem qui-e-tam, et finem perfectum concedat no-bis Dominus omni-po-tens. Le Chœur: Amen. Le Lecteur: Fratres .... (a) fortes in fi-de. Tu au-tem, Do-mi-ne, mi-se-re-re no-bis. Le Chœur: De-o gra-ti-as.

L'Officiant: Adju-to-ri-um nostrum in no-mine Do-mi-ni. Le Chœur: Qui fe-cit cœlum et terram.

Pater noster. - Confíteor. — Misereátur. — Indulgéntiam.

L'Officiant: ℣. Conver-te nos, De-us sa-lu-tá-ris noster. ℟. Et avér-te i-ram tu-am a no-bis. ℣. De-us, in ad-ju-tó-ri-um me-um inténde. Ch.: Dómi-ne, ad adju-vándum me fe-stí-na. Gló-ri-a... sans inflexion jusqu'à: Amen.

(a) Voyez la Leçon brève *Fratres*,... ci-devant, page 164.

De la Septuagésime au Mercredi Saint :
Alle-lú-ia. Laus ti-bi, Dó-mine, Rex æ-térnæ gló-ri-æ.

§ Ier

DES RÉPONS BREFS.

D. Pourquoi ce *Répons* est-il ainsi nommé ?

388. — R. Le *Répons bref* est ainsi nommé, parce qu'il n'a pas l'étendue du *grand Répons* (340).

D. Quand chante-t-on le *Répons bref* ?

388 *bis.* — R. Le *Répons bref* se chante après le *Capitule*. Il a des formules mélodiques déterminées pour les différents temps de l'année.

1er Exemple.

389. — RÉPONS BREF HORS L'AVENT, LE CARÊME ET LE TEMPS PASCAL.

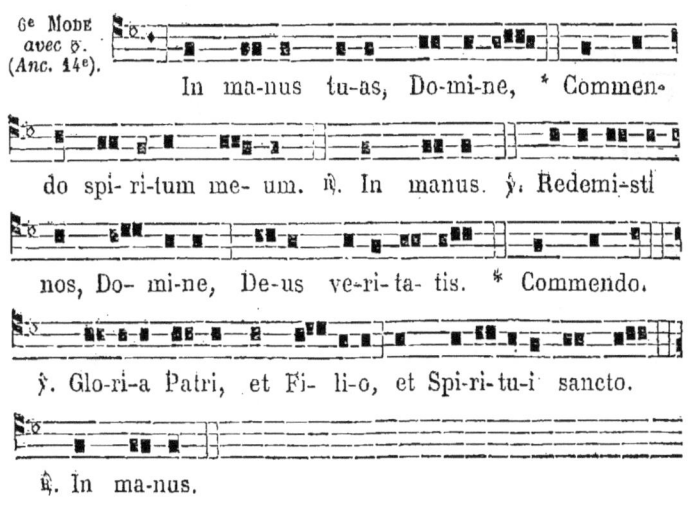

6e Mode avec ℣. (Anc. 14e).
In ma-nus tu-as, Do-mi-ne, * Commen-do spi-ri-tum me-um. ℟. In manus. ℣. Redemi-sti nos, Do-mi-ne, De-us ve-ri-ta-tis. * Commendo.
℣. Glo-ri-a Patri, et Fi-li-o, et Spi-ri-tu-i sancto.
℟. In ma-nus.

℣. Custódi nos, Dómine, ut pupíllam óculi.

℟. Sub umbra alárum tuárum prótege nos.

2ᵉ Exemple.

390. — RÉPONS BREF PENDANT L'AVENT ET LE CARÊME.

Au Temps de la Passion on retranche Glória Patri.

4ᵉ MODE.

In manus tuas, Domine, * Commendo spiritum meum. ℟. In manus. ℣. Redemisti nos, Domine, Deus veritatis. * Commendo.

℣. Gloria Patri, et Filio, et Spiritui sancto. ℟. In manus.

℣. Custódi nos, Dómine, ut pupíllam óculi.

℟. Sub umbra alárum tuárum prótege nos.

3e Exemple.

391. RÉPONS BREF PENDANT LE TEMPS PASCAL.

6e Mode avec ℣.
(Anc. 14e).

In ma-nus tu-as, Do-mi-ne, commendo spi-ri-tum me-um, * Alle- lu-ia, alle- lu- ia. ℟. In ma-nus. ℣. Rede-mi-sti nos, Domine, De-us veri-ta-tis. * Alle- lu-ia, alle- lu- ia. ℣. Glo- ri- a Patri, et Fi-li-o, et Spi-ri-tu-i san-cto. ℟. In ma-nus. ℣. Custó-di nos, Dó-mine, ut pu-pillam ócu-li, alle-lú-ia. ℟. Sub umbra a-lárum tu-árum pró-tege nos, alle-lú-ia.

§ II

FIN DES COMPLIES.

D. Comment termine-t-on les *Complies*?

392. — R. On termine les *Complies* par le chant de l'une des quatre grandes *Antiennes* en l'honneur de la B. V. M. : *Alma Redemptoris; Ave, Regina; Regina cœli;* ou *Salve,*

Regina, selon le temps de l'année. Nous donnerons pour exercices un exemple pour chaque temps.

1er Exemple.

393.   DE L'AVENT A LA PURIFICATION.

ANT.
5e avec ℞.
(Anc. 13e).

Al- ma Redempto- ris Ma- ter, quæ per vi- a cœ- li por- ta ma- nes, Et stel- la ma- ris, succur- re ca- den- ti, surge-re qui cu- rat po- pu-lo: Tu quæ ge- nu- i- sti, na-tu- ra mi-ran-te, tu-um sanctum Ge- ni- to-rem. Vir- go pri- us ac po-ste- ri- us, Ga-bri- e- lis ab o- re, sumens il-lud A-ve, pecca- to-rum mi- se- re-re.

2e Exemple.

394.   DE LA PURIFICATION AU JEUDI SAINT.

ANT.
6e avec ℞.
(Anc. 14e).

A- ve, Re-gi- na cœ- lo- rum :

A- ve, Do-mi-na An-ge-lo- rum. Sal-
ve, ra- dix, salve, por- ta, Ex qua mun- do
lux est or- ta. Gau-de, Vir- go glo-ri- o-sa,
Su-per om- nes spe-ci- o- sa. Va- le, ô
valde de-co- ra, Et pro no- bis Chri- stum ex-
o- ra.

3ᵉ Exemple,

395. PENDANT LE TEMPS PASCAL.

ANT.
6ᵉ avec ♭.
(Anc. 14ᵉ).

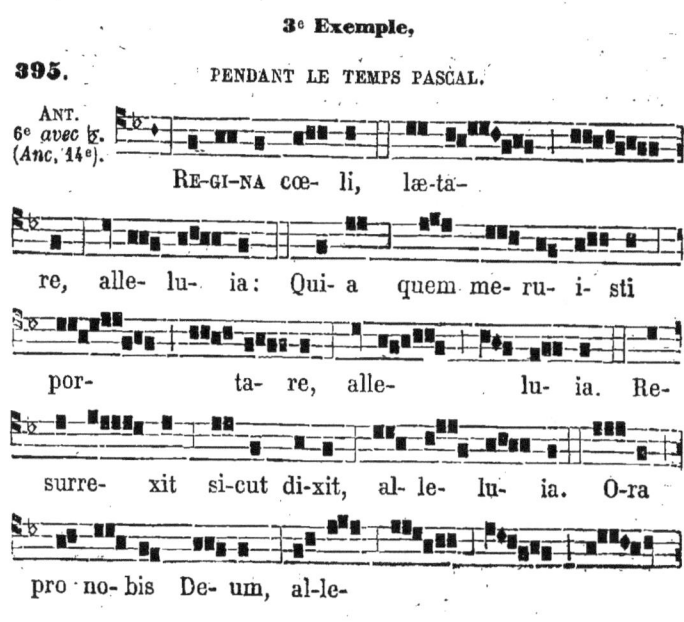

RE-GI-NA cœ- li, læ-ta-
re, alle- lu- ia: Qui- a quem me-ru- i- sti
por- ta- re, alle- lu- ia. Re-
surre- xit si-cut di-xit, al- le- lu- ia. O-ra
pro no- bis De- um, al-le-

lu- ia.

4e Exemple.

396. DE LA TRINITÉ A L'AVENT.

Ant.
1er Mode.

SAL- VE, Re- gi- na, Ma-ter mi-se-ri-cor- di- æ; Vi- ta, dul- ce- do, et spes nostra, sal- ve. Ad te clama-mus, ex- u-les fi- li- i E- væ: Ad te suspi-ra- mus, gemen-tes et flen-tes in hac la-cryma- rum val- le. E- ia! er-go, advo-ca-ta no- stra, il-los tu- os mi-se-ri-cor- des o- cu-los ad nos con-ver- te. Et Je-sum, bene- di- ctum fru-ctum ven-tris tu- i, no-bis post hoc ex- i- li- um o- sten- de. O

— 197 —

clé- mens! O pi- a! O dul-cis Vir-go Ma- ri- a!

397. AUX DOUBLES DE PREMIÈRE CLASSE.

ANT.
1er Mode:

SAL- VE, Re- gi- na, Ma- ter mi-se-ri-cor-di- æ; Vi- ta, dulce-do, et spes no-stra, sal-ve. Ad te clama-mus, ex-u-les fi- li- i E- væ: Ad te suspi-ra-mus, ge-men-tes et flen-tes in hac la-cryma- rum val- le. E- ia! ergo, advo-ca-ta no- stra, il-los tu- os mi-se-ri-cor-des o- cu-los ad nos conver- te. Et Je-sum, be-ne-di-ctum fru-ctum ven-tris tu- i, no-bis post hoc ex-i- li- um o- sten-de. O cle- mens! O pi- a! O dul- cis Vir-go Ma-ri- a!

— 198 —

398. AUX DOUBLES DE DEUXIÈME CLASSE.

ANT.
2° en LA.
(Anc. 10°).

SAL-VE, Re- gi- na, Ma-ter mise-ri-cor-di-æ; Vi- ta, dul-ce-do, et spes nostra, sal-ve. Ad te cla- mamus ex-u-les fi- li- i E- væ. Ad te su-spi- ra- mus, gementes et flentes in hac la-cry-ma-rum val- le. E-ia! ergo, advo-ca-ta no-stra, il- los tu-os mi-se-ricordes o-cu-los ad nos conver-te. Et Je-sum be-ne-di-ctum fructum ventris tu- i nobis post hoc ex- i- li um o-sten-de. O cle-mens! O pi- a! O dul-cis Vir-go Ma- ri- a!

399. AUX FÊTES DOUBLES-MAJEURES.

ANT.
5° avec ℣.
(Anc. 13°).

SAL-VE, Regi- na, Ma-ter mi-se-ri-cor- di- æ : Vi- ta, dulce- do, et spes no-stra, sal-ve.

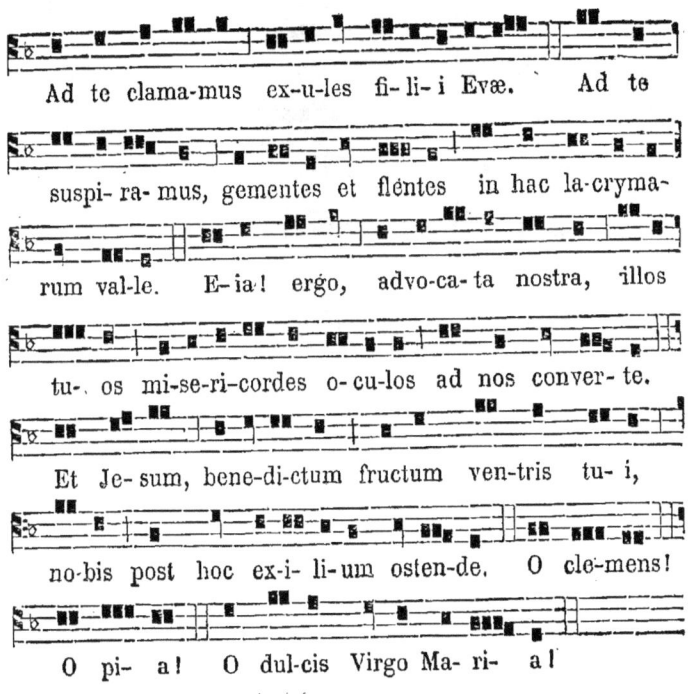

Ad te clamamus exules filii Evae. Ad te suspiramus, gementes et flentes in hac lacrymarum valle. Eia! ergo, advocata nostra, illos tuos misericordes oculos ad nos converte. Et Jesum, benedictum fructum ventris tui, nobis post hoc exilium ostende. O clemens! O pia! O dulcis Virgo Maria!

§ III

400. — Aux saluts solennels du Saint-Sacrement, on chante des *Antiennes*, *Proses* et *Hymnes*, dont nous donnerons quelques exemples seulement pour exercer nos élèves.

Exemple d'une Antienne au Saint-Sacrement.

6ᵉ Mode avec ℣.
(Anc. 14ᵉ).

Ave, verum Corpus natum de Maria Virgine. Vere passum, immolatum in cruce pro homine. Cujus latus perfo-

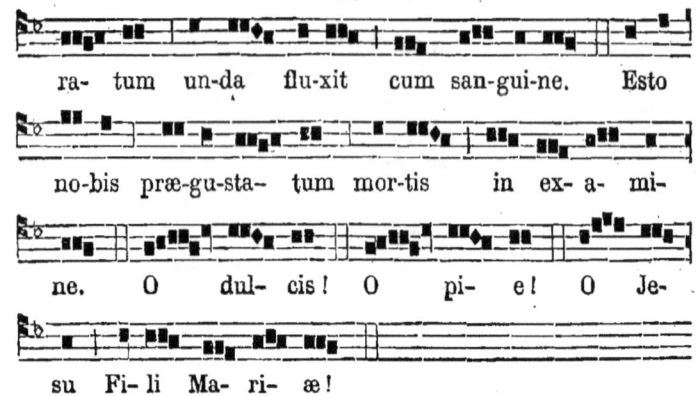

ra- tum un-da flu-xit cum san-gui-ne. Esto no-bis præ-gu-sta- tum mor-tis in ex-a- mi-ne. O dul- cis! O pi- e! O Je-su Fi- li Ma- ri- æ!

§ IV

401. **Exemple d'une Prose à la Sainte Vierge.**

Prose.
6e avec ℟.
(Anc. 14e).

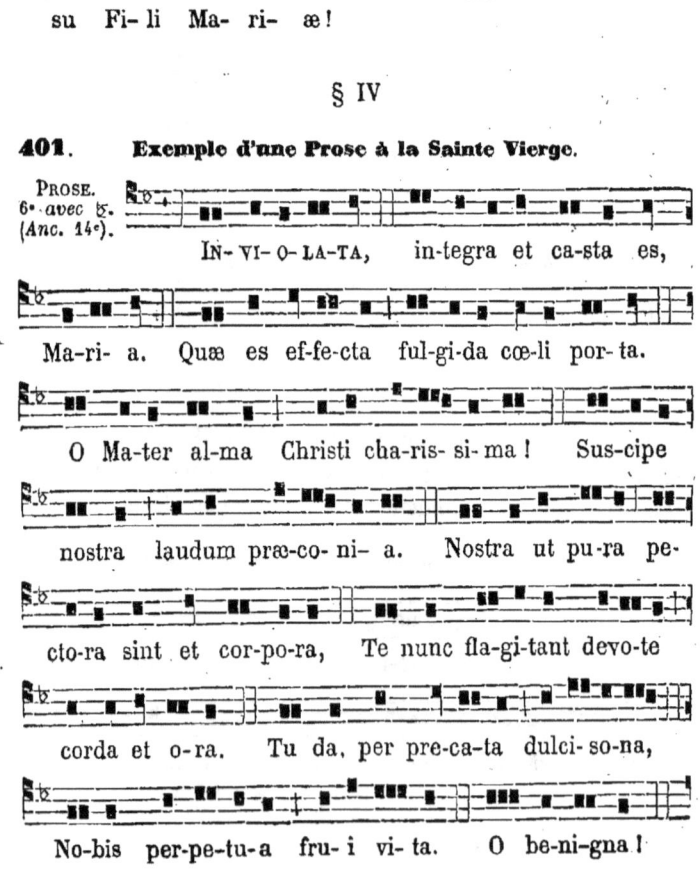

IN- VI- O- LA-TA, in-tegra et ca-sta es, Ma-ri- a. Quæ es ef-fe-cta ful-gi-da cœ-li por- ta. O Ma-ter al-ma Christi cha-ris- si- ma! Sus-cipe nostra laudum præ-co-ni- a. Nostra ut pu-ra pe-cto-ra sint et cor-po-ra, Te nunc fla-gi-tant devo-te corda et o-ra. Tu da, per pre-ca-ta dulci- so-na, No-bis per-pe-tu-a fru- i vi- ta. O be-ni-gna!

O be-nigna! O be-nigna! Quæ so-la invi-o-la-ta perman-si- sti.

§ V

402.   Exemple d'une Hymne à la Sainte Vierge.

HYMNE. 2e Mode.
VIRGO De- i Ge-nitrix, quem totus non capit orbis, In tu-a se clau-sit viscera factus ho-mo. Quem pa-ris, hic tol- lit to-ti-us cri-mi-na mundi; Et tu-a Vir-gi-ni-tas in-vi-o-la-ta manet. Te matrem pi-e-ta-tis, opem te fla-gi-tat orbis: Subve-ni-at fa-mu-lis, ô bene-dicta, tu-is. Glo-ri-a magna Pa-tri, compar sit glo-ri-a Na-to, Glo-ri-a sit com-par, Spi-ri-tus al-me ti-bi. A- men.

— 202 —

§ VI

403. **Prière pour le Souverain** (a).

6ᵉ avec ℟.
(Anc. 14ᵉ.)

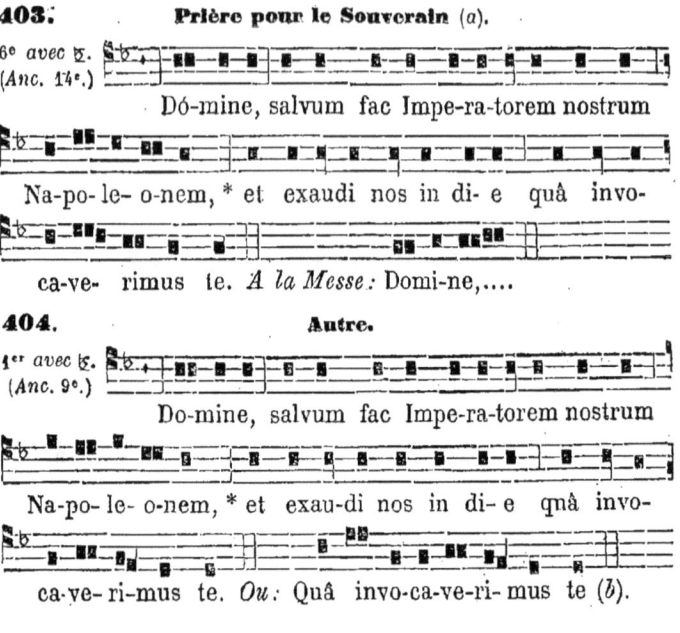

Dó-mine, salvum fac Impe-ra-torem nostrum Na-po-le- o-nem, * et exaudi nos in di- e quâ invo- ca-ve- rimus te. *A la Messe:* Domi-ne,....

404. **Autre.**

1ᵉʳ avec ℟.
(Anc. 9ᵉ.)

Do-mine, salvum fac Impe-ra-torem nostrum Na-po- le- o-nem, * et exau-di nos in di- e quâ invo-ca-ve- ri-mus te. *Ou:* Quâ invo-ca-ve-ri- mus te (b).

§ VII

405. — Après la Bénédiction, on chante : *Adoremus, Laudate* ou *Parce, Domine*, dont nous donnerons quelques exemples pour exercices.

1ᵉʳ Exemple.

Ant.
2ᵉ Mode.

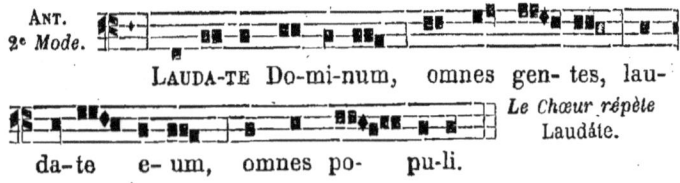

Lauda-te Do-mi-num, omnes gen- tes, lau-da-te e- um, omnes po- pu-li.

Le Chœur répète Laudáte.

(a) Aux Saluts, cette prière est privée de son intonation naturelle (*fa, sol, la*), et commence sur la *dominante* ou *teneur*, car le Salut ne peut être assimilé aux grandes Heures de l'Office.

(b) On pourra exercer les élèves à chanter *Domine, salvum...., Dirigatur...., Quid retribuam....*, etc., selon le chant du *Tableau des huit modes*, ci-devant, pages 145 et suivantes.

406.   **2e Exemple.**

AUTRE ANT.
6e avec ℟.
(Anc. 14e.)

A-DORE- MUS in æ-ter- num san-ctis-

Le Chœur répète
Adorémus.

si-mum Sa- cra-men-tum.

407. — AUTRES CHANTS *ad libitum* APRÈS LA BÉNÉDICTION.

2e MODE.

A-do-re- mus in æ-ter- num San-

ctis- simum Sacramen- tum. *Ou:* Sa- cramen- tum.

PSAUME 116.
2e Mode.

Lauda-te Do-mi-num, omnes gen- tes; *

Le Chœur répète Laudáte
entre chaque Verset, ou
Adorémus.

laudate e- um, omnes po- pu-li.

℣. Quo-ni- am confirma-ta est super nos mise-ri-cor-di-a

e- jus; * et ve-ri-tas Domi-ni ma- net in æ-

ter-num. *Ou:* In æ-ter- num. ℣. Glo- ri- a Pa- tri,

et Fi- li- o, * et Spi-ri- tu-i san-cto. *Ou:* San-

cto. ℣. Si-cut e-rat in princi-pi-o, et nunc, et sem-per, * et in sæ- cu- la sæ-cu-lorum. A- men.

Ou : A- men.

PSAUME 116.
6ᵉ avec ℣.
(Anc. 14ᵉ.)

Lauda- te Do-mi-num, omnes gen-tes ;

Le Chœur chante Adorémus *entre chaque Verset, ou* Laudáte.

* lauda-te e-um, omnes po- pu-li.

℣. Quo-ni- am confirma-ta est super nos miseri-cordi- a

e- jus ; et ve-ri-tas Domi-ni ma- net in æ-

ter-num. ℣. Glo-ri-a Pa-tri, et Fi- li-o, * et Spi-

ri-tu-i san-cto. ℣. Si-cut e-rat in princi- pi- o, et

nunc, et sem-per, * et in sæ- cu- la sæcu-lo- rum.

A-men.

§ VIII

Miserere.

408. — Il serait bon d'exercer les élèves à chanter le psaume *Miserere* (a).

(a) *Domine, non secundum....* ci-devant, pag. 103.

Psaume 50.
2° Mode.

Mi-se-ré-re me-i De- us, * secúndum ma-

gnam mi-se-ri-córdi- am tu- am. Et secúndum multi-

túdi-nem mi-se-ra-ti- ó-num tu- á- rum, * de-le in-iqui-

tátem me- am. Ampli-us... Quóni-am... Concéptus sum, *

Amplius lava me ab iniquitáte mea, * et a peccáto meo munda me.

Quoniam iniquitátem meam ego cognósco ; * et peccátum meum contra me est semper.

Tibi soli peccávi, et malum coram te feci, * ut justificéris in sermónibus tuis, et vincas cum judicáris.

Ecce enim in iniquitátibus concéptus sum, * et in peccátis concépit me mater mea.

Ecce enim veritátem dilexísti : * incérta et occúlta sapiéntiæ tuæ manifestásti mihi.

Aspérges me hyssópo, et mundábor : * lavábis me, et super nivem dealbábor.

Audítui meo dabis gáudium et lætítiam ; * et exsultábunt ossa humiliáta.

Avérte fáciem tuam a peccátis meis, * et omnes iniquitátes meas dele.

Cor mundum crea in me, Deus, * et spíritum rectum innova in viscéribus meis.

Ne projícias me a fácie tua, * et spíritum sanctum tuum ne áuferas a me.

Redde mihi lætítiam salutáris tui ; * et spíritu principáli confírma me.

Docébo iníquos vias tuas, * et ímpii ad te converténtur.

Líbera me de sanguínibus, Deus, Deus salútis meæ ; * et exsultábit lingua mea justítiam tuam.

Dómine, lábia mea apéries ; * et os meum annuntiábit laudem tuam.

Quóniam si voluísses sacrifícium, dedíssem útique ; * holocáustis non delectáberis.

Sacrifícium Deo spíritus contribulátus ; * cor contrítum et humiliátum, Deus, non despícies.

Benígne fac, Dómine, in bona voluntáte tua Sion ; * ut ædificéntur muri Jerúsalem.

Tunc acceptábis sacrifícium justítiæ, oblatiónes et holocáusta ; * tunc impónent super altáre tuum vítulos.

Glória Patri, etc.

§ IX
Parce.

409. — Il y a plusieurs chants du *Parce, Domine;* nous donnerons pour exemple le suivant, qui est très-grave.

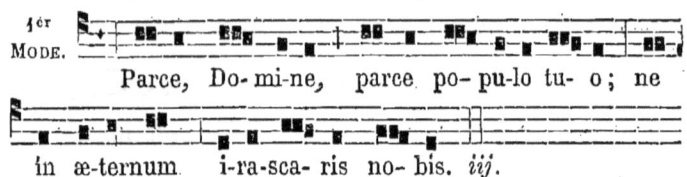

Parce, Do-mi-ne, parce po-pu-lo tu- o; ne in æ-ternum i-ra-sca- ris no- bis. *iij.*

§ X

410. — En attendant la publication de notre quatrième partie, nous insérons ici les *O salutaris* suivants (*a*):

(*a*) On pourra aussi chanter *O salutaris*, suivant le temps, sur les Hymnes *Lucis Creator...., Audi, benigne...., O Crux, Ave...., Ad Regias..., Veni, Creator....*, ci-devant, pages 180, 182 et suivantes.

O sa-lu-tá-ris Hó-sti-a, Quæ cœ-li pan-dis ó-sti-um! Bel-la premunt ho-stí-li-a: Da ro-bur, fer au-xí-li-um. A-men.

APRÈS L'OFFICE.

411. §XI

ANGELUS.

℣. Angelus Domini nuntiavit Mariæ :
℟. Et concepit de Spiritu sancto.

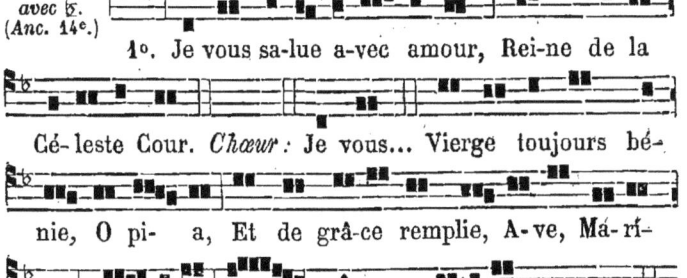

1°. Je vous sa-lue a-vec amour, Rei-ne de la Cé-leste Cour. *Chœur:* Je vous... Vierge toujours bé-nie, O pi-a, Et de grâ-ce remplie, A-ve, Má-rí-a, A- ve, Ma-rí-a, etc.

℣. Ecce ancilla Domini :
℟. Fiat mihi secundum verbum tuum.

2°. Béni soit votre Fils divin, } *Chœur:* Béni soit...
Le fruit de votre chaste sein, }

Chantons avec les Anges
O pia,
L'honneur et les louanges
Ave, María (*bis*), grátia plena; etc.

℣. Et Verbum caro factum est:
℟. Et habitávit in nobis.

3°. Propice à nos ardents désirs, } *Chœur:* Propice à....
Recevez nos derniers soupirs,
Pour passer de la vie
O pia,
Au ciel notre patrie,
Ave, María (*bis*), grátia plena; etc.

℣. Ora pro nobis, sancta Dei Génitrix:
℟. Ut digni efficiámur promissiónibus Christi.

4°. Sainte Marie nous vous prions, } *Chœur:* Sainte Marie...
En récitant vos Oraisons,
D'exaucer nos prières,
O pia,
Au ciel et sur la terre
Ave, María (*bis*).

Oremus. Grátiam tuam, etc.

§ XII

412.   LES COMMANDEMENTS DE DIEU.

6ᵉ Mode avec ℣. (Anc. 14ᵉ).

1. Un seul Dieu tu a-do-re-ras, Et ai-me-ras par-fai-te-ment.

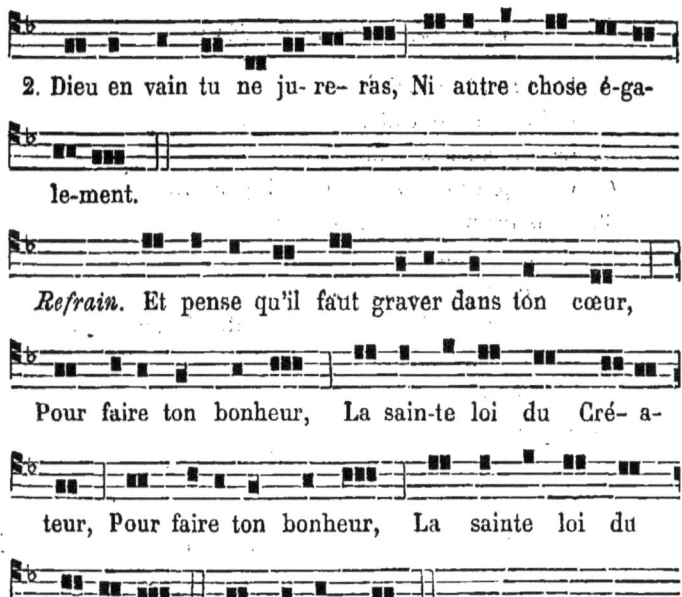

2. Dieu en vain tu ne jureras, Ni autre chose également.

Refrain. Et pense qu'il faut graver dans ton cœur, Pour faire ton bonheur, La sainte loi du Créateur, Pour faire ton bonheur, La sainte loi du Créateur. Les dimanches....

3. Les dimanches tu garderas,
   En servant Dieu dévotement.
4. Tes père et mère honoreras,
   Afin de vivre longuement. Et pense....
5. Homicide point ne seras,
   De fait ni volontairement.
6. Luxurieux point ne seras,
   De corps ni de consentement. Et pense....
7. Les biens d'autrui tu ne prendras,
   Ni retiendras à ton escient.
8. Faux témoignage tu ne diras,
   Ni mentiras aucunement. Et pense....
9. L'œuvre d' chair ne désireras
   Qu'en mariage seulement.
10. Biens d'autrui ne convoiteras,
    Pour les avoir injustement. Et pense....

LES COMMANDEMENTS DE L'ÉGLISE.

1. Les fêtes tu sanctifieras,
Qui te sont de commandement.

2. Les dimanches la messe ouïras,
Et les fêtes pareillement. Et pense....

3. Tous tes péchés confesseras,
A tout le moins une fois l'an.

4. Ton créateur tu recevras,
Au moins à Pâques humblement. Et pense....

5. Quatre-Temps, vigiles jeûneras,
Et le carême entièrement.

6. Vendredi, chair ne mangeras,
Ni le samedi mêmement. Et pense....

LEÇON VINGT-HUITIÈME.

DE L'INVITATOIRE.

D. Qu'est-ce que l'*Invitatoire?*

413. — R. L'*Invitatoire* est un texte fort court, qui varie suivant la solennité du jour et qui est chanté à voix haute, comme pour inviter les fidèles à sortir de leur sommeil pour venir se joindre aux prières de l'Église.

D. Quel *Psaume* chante-t-on avec l'*Invitatoire?*

414. — R. L'*Invitatoire* est suivi du psaume *Venite, exultemus*, dont le chant est très-solennel.

Nous donnerons pour exemple l'*Invitatoire* du jour de la *Commémoration des Fidèles trépassés.*

6ᵉ avec ♭.
(Anc. 14ᵉ).

Re-gem cu-i omni-a vi-vunt * Veni-te,

On répète :

ado-re-mus. Re-gem.

— 214 —

Ve-ni- te, exsultemus Domino, jubilemus Deo sa-

lutari nostro: præoccupemus faciem ejus in

confessi- o-ne, et in psalmis jubilemus e- i.

Le Chœur répète : Re- gem.

Quo-ni- am De-us magnus Do-minus, et Rex magnus

super omnes De- os : quo-ni- am non repellet Dominus

plebem su- am : qui- a in manu e- jus sunt omnes fi-

nes terræ, et alti-tu- dines mon-ti- um ipse con-

spi-cit. Le Chœur : Ve-ni-te.

Quo-ni- am ipsi- us est mare, et ipse fe-cit il- lud,

et a-ridam funda-ve-runt manus e- jus: Ve-ni- te, a-

do- remus, et pro-ci-da-mus ante De- um : plo-remus

coram Domino qui fecit nos, quia ipse est Dominus Deus noster: nos autem populus ejus, et oves pascuæ ejus.

Le Chœur répète :
Regem.

Hodie si vocem ejus audieritis, nolite obdurare corda vestra, sicut in exacerbatione secundum diem tentationis in deserto: ubi tentaverunt me patres vestri, probaverunt, et viderunt opera mea.

Le Chœur :
Venite.

Quadraginta annis proximus fui generationi huic, et dixi: Semper hi errant corde: ipsi vero non cognoverunt vias meas, quibus juravi in ira mea, si introibunt in requiem meam.

Le Chœur :
Regem.

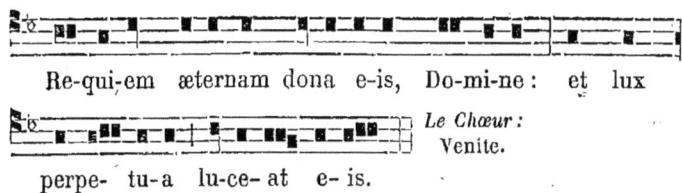

Re-qui-em æternam dona e-is, Do-mi-ne : et lux perpe- tu-a lu-ce- at e- is. *Le Chœur :* Venite.

On reprend l'*Invitatoire :* Regem.....

LEÇON VINGT-NEUVIÈME.

DE L'ACCOMPAGNEMENT DU PLAIN-CHANT.

D. Les instruments conviennent-ils autant que les voix dans l'exécution du Plain-Chant?

415.— R. Les voix de différentes espèces, justes et exercées, conviennent mieux que tout autre mode d'exécution à la constitution tonale du Plain-Chant, à son caractère, à sa destination. Mais depuis le XIIe siècle jusqu'à nos jours, l'harmonie instrumentale s'est mêlée de plus en plus au chant liturgique. Le Plain-Chant est donc maintenant exécuté par les voix de différentes espèces, par l'orgue et par les instruments.

D. Quelle est l'utilité des instruments?

416. — R. Les instruments sont très-utiles pour donner le ton et pour maintenir ou garder l'unisson tant dans les différentes pièces que l'on chante que dans la psalmodie (244). Un bon instrumentiste, sans ambition, se bornera à l'accompagnement pur et simple du Plain-Chant; il se gardera surtout de ces accompagnements improvisés qui produisent d'ordinaire deux accords faux sur trois et qui toujours laissent à désirer tant sous le rapport de l'art que sous celui du vrai sentiment religieux. — Les personnes compétentes et sensées se font un devoir de reconnaître que le rôle des joueurs d'instruments est très-exagéré de nos jours.

Dans nos églises de campagne où, pour la plupart, il y a

pénurie de chantres, qu'un bon ophicléide peut y rendre de services (a); il supplée à l'insuffisance des voix et de la science, et augmente la solennité du chant religieux en l'accompagnant et maintenant l'unisson, si difficile à garder sans instruments; mais il ne faut pas que l'accessoire domine le principal, que le Plain-Chant disparaisse dans des combinaisons exagérées ou des complications ingénieuses. Laissons parler la savante Méthode de M. l'abbé Dolé (b); volume qui devrait se trouver dans la bibliothèque de tout chantre instruit et zélé.

416 bis. — « Qu'il nous soit permis, avant de terminer, de rappeler à ceux qui accompagnent le Plain-Chant, la nature des fonctions dont ils sont chargés. C'est à eux à diriger le chœur, soit pour la hauteur du ton, soit par le mouvement de l'exécution, de telle sorte que l'un et l'autre soient toujours parfaitement convenables et réguliers. Les sons de leur instrument doivent être moelleux, doux à l'oreille; ils doivent se marier, autant que possible, avec les voix, de manière cependant à les dominer un peu sans les étouffer.

« Ils ne comprennent donc pas leur mission, ceux qui, tandis que le chœur chante bien ou mal, montent et descendent des *gammes*, font quelques notes d'accord, exécutent de légères et capricieuses variations, puis reprennent le chant pour le quitter bientôt de nouveau? Il en est qui, avec la capacité suffisante pour bien faire, jouent sans goût et sans grâce. On les entend parfois tirer des sons qui ressemblent à des mugissements. Au lieu de jouer fidèlement la note qui devrait toujours être leur règle, ils trouvent plus commode de se laisser entraîner à la routine et de suivre le torrent. L'auteur de la Méthode d'Amiens n'est-il pas excusable quand il appelle ces artistes négligents des *tapageurs*, des *fredonneurs* qui ne sa-

---

(a) A Marolles, l'ophicléide (M. Morel) est un homme irréprochable, sans orgueil ni ambition, qui donne le ton et accompagne admirablement bien le Plain-Chant dans toute sa pureté. C'est un homme précieux au lutrin.

(b) *Essai théorique, pratique et historique sur le Plain-Chant.*

vent que faire du bruit et déranger le chant au lieu de le diriger (a)? »

416 ter. — « Chacun doit contribuer, pour sa part et selon ses forces, à la célébration des saints offices, dans le but de procurer la gloire de Dieu et l'édification du prochain : c'est là un point incontestable. Mais celui qui accompagne le Plain-Chant doit plus particulièrement encore tendre vers ce double but, et il est responsable devant Dieu, quand, par suite de son insouciance, le chant se trouve privé de ce caractère religieux et grave qui seul peut toucher les cœurs et les porter à la vertu. »

LEÇON TRENTIÈME.

DU MÉTRONOME.

417. — Beaucoup de chantres m'ont demandé des explications sur la valeur des notes, et notamment sur cette phrase : « Le temps à donner à la note carrée est marqué par le n° 108 du *Métronome*, ce qui correspond au pas d'une marche accélérée (b). » Nous allons dire, en terminant notre troisième partie (c), ce que c'est que ce petit instrument dont on vient de parler.

(a) M. l'abbé Beaugeois est plus sévère encore quand il s'adresse aux chantres qui se mêlent d'improviser des accompagnements : « Il leur conviendrait bien mieux de se taire, ou de suivre simplement le chant du chœur, qu'ils troublent et dérangent par leur galimatias. Ce sont des fredonneurs orgueilleux, de petits esprits qui ont plus de vanité que de dévotion et qui méritent un profond mépris, alors même qu'ils recherchent et attendent des louanges pour leur prétendu talent. » — *Méthode de chant*, 2ᵉ édit., pag. 125 et 150.

« Si cette leçon, quelque peu contraire aux règles de la politesse, ne profite pas à qui de droit, ce n'est pas faute qu'elle ne soit rudement donnée. »

(b) Voyez l'excellente *Méthode pratique de Plain-Chant*, par M. l'abbé Youf, que tous les chantres devraient étudier, apprendre et méditer, afin de pratiquer les savantes règles qu'elle renferme.

(c) Nous donnerons prochainement, pour complément de cet ouvrage, un supplément formant la quatrième partie, composée de la comparaison de l'ancien Plain-Chant au nouveau et d'un nombre considérable de pièces cantabiles, telles que : *Messes musicales, Magnificat, Motets, O salutaris, Dirigatur, Domine, salvum*, etc., etc., etc.

418.—Le mouvement du chant n'est pas toujours le même, il doit être plus ou moins lent, plus ou moins vif, selon la solennité de la fête (146). Mais, me direz-vous, deux exécutants ne donneront pas à leur morceau le même mouvement, à moins qu'ils ne se soient bien exercés ensemble ? On remédie à cet inconvénient au moyen d'un instrument inventé il y a quelques années (a), et que l'on nomme *Métronome*, indicateur, régulateur de la mesure. Un balancier fait entendre les battements, que l'on peut rendre à volonté plus ou moins fréquents ; chacun des battements représentera une *semi-brève*, une *carrée* ou *brève*, une *double*, etc., suivant l'intention de l'exécuteur ou du compositeur. Pour que ces battements se succèdent plus ou moins vite, il y a une échelle graduée qui porte des chiffres, sur lesquels on arrête un contre-poids. Le chiffre le plus bas est 50 ; ce chiffre donne les oscillations les plus lentes. Le mouvement sera d'autant plus accéléré qu'on aura pris un numéro plus élevé, donc le n° 108 pour une *carrée*. On aurait pu indiquer en tête de chaque morceau le numéro du *Métronome* pour en faire connaître le mouvement.

Cette indication aurait pu avoir lieu de la manière suivante :

Métr. ⊣■⊢ = 108, ou tout autre numéro.

Dans ce cas, on met le contre-poids sur le n° 108, et chaque battement du balancier représente une *brève* ou *carrée*. Messieurs les Machicots doivent comprendre qu'à l'aide de ce procédé ingénieux, le chant sera exécuté partout précisément avec le mouvement qu'on doit lui donner, et que chaque note aura sa valeur intrinsèque (169).

(a) Par M. Maelzel.

TABLE DES MATIÈRES.

PREMIÈRE PARTIE.

Leçon Ire. — Du chant en général.	1
§§ Ier. Du Plain-Chant en particulier.	2
II. De la Science du Plain-Chant.	2
III. Des Caractères ou Signes employés dans le Plain-Chant.	2
IV. De la Portée	2
V. De la Gamme.	3
VI. Des Clefs.	4
VII. Des Notes.	4
Leçon IIe. — Du nom des Notes.	5
§§ Ier. Des Intervalles.	6
II. Du Nom, des Figures et de la Valeur des Notes.	7
Leçon IIIe. — Du son et du ton des Notes.	8
Leçon IVe. — Du Solfége	9
§§ Ier Des Accidents.	10
II. Du Bémol.	10
III. Du Dièse.	11
IV. Du Bécarre.	12
Leçon V^e. — Des Barres.	12
§§ Ier Des Pauses.	13
II. Du Guidon.	14
Leçon VIe. — Du chant des Notes.	14
§ Ier Gamme par b mol sur le si, en montant et en descendant.	15
Leçon VIIe — Degrés conjoints.	15
§ Ier. Des Secondes.	16
Leçon VIIIe. — Degrés disjoints.	16
§§ Ier. Des Tierces.	17
II. Tierces montantes, pleines et vides.	17
Leçon IXe. — Des Quartes.	17
§ Ier Quartes pleines et vides, en montant.	18
Leçon X^e. — Des Quintes.	18
§ Ier. Quintes pleines et vides.	19
Leçon XIe. — Des Sixtes ou Sixièmes.	19
§ Ier. Sixtes pleines et vides, en montant.	20
Leçon XIIe. — De la Septième.	20
§§ Ier. De l'Octave.	20
II. Exercices des Tierces vides.	21
Leçon XIIIe. — Tableau de récapitulation des intervalles, tant majeurs que mineurs, usités dans le Plain-Chant.	21
Exercices de solfége par Tierces, Quartes, etc.	22
Tableau résumant les intervalles.	23
Leçon XIVe. — Exercice sur la clef d'ut, 3e ligne.	23
§§ Ier. Autre Octave.	24
II. Tierces pleines en montant et en descendant.	24
Leçon XVe. — Exercices d'intervalles.	24

— 213 —

Leçon XVIe.	— Gamme-octave de la clef de *fa*.		24
§§ Ier.	Tierces pleines en montant.		25
II.	Tierces pleines et vides en montant.		25
III.	Exercice.		25
Leçon XVIIe.	— Remarque. Tableau des tons et des demi-tons		25 et 26
§ Ier.	Echelles diatoniques des différentes sortes de *Gammes*.		26
Leçon XVIIIe.	— De l'art de solfier.		27
§§ Ier.	Exercices de solfège. 1er exercice.		27
II.	—	2e	28
III.	—	3e	28
IV.	—	4e	28
V.	—	5e	29
VI.	—	6e	29
VII.	—	7e	29
VIII.	—	8e	29
IX.	—	9e	30
X.	—	10e	30

SECONDE PARTIE

Leçon Ire.	— De la beauté du Chant.	31
§§ Ier.	De la Vocalisation.	32
II.	Exercices de la vocalisation. 1er exercice.	33
III.	— 2e	33
IV.	— 3e	35
V.	— 4e	35
VI.	— 5e	35
VII.	— 6e	35
VIII.	— 7e	35
Leçon IIe	— Exercices de *Vocalisation* en notes variées. 1er exercice	35
§§ Ier.	— 2e	36
II.	— 3e	37
III.	— 4e	37
IV.	— 5e	37
V.	— 6e	37
VI.	— 7e	37
VII.	Gamme par 1/2 ton sur *la*, *si*, en montant et en descendant.	38
Leçon VIIe.	— De l'application de la lettre aux notes.	
§§ Ier.	Prononciation des mots.	39
II.	Du Choix des morceaux pour exercer les élèves qui commencent à appliquer le texte aux notes.	42
Leçon IVe.	— Des Modes en général.	43
§§ Ier.	Nombre des Modes.	
II.	De la Finale.	44
III.	De la Dominante.	44
IV.	Caractère des Modes.	
Leçon Ve	— Division des Modes.	45
§§ Ier.	Des modes *impairs* ou *authentiques*.	
II.	Des Modes *pairs* ou *plagaux*.	47
III.	Relation existant entre les Modes *authentiques* et *plagaux*.	
IV.	Division des *Octaves* dans les Modes *impairs* et *pairs*.	49
V.	De la Note la plus essentielle des Modes.	49
VI.	Variabilité du *si*.	50
Leçon VIe.	— Des Modes parfaits.	51
§§ Ier.	Des Modes imparfaits.	51
II.	Des Modes surabondants.	52
III.	Des Modes mixtes.	52
IV.	Des Modes communs parfaits.	53
V.	Des Modes commixtes.	53
VI.	Des Modes réguliers.	53
VII.	Des Modes irréguliers.	

Leçon VIIe. — Distinction des Modes. 53
    §§ Ier. Manière de distinguer à quel Mode appartient une pièce de Chant. . 54
    II. De l'Intonation. 55
Leçon VIIIe. — De la Voix. 55
    §§ Ier. Ouverture de la Bouche. 55
    II. De la Respiration. 56
    III. De la tenue du Corps. 56
    IV. Pose de la Voix. 57
    V. Des Sons liés appelés *Neumes*, ou *groupes de Notes*. 57
    VI. Discipline du Lutrin et du Chœur. 57
    VII. Du Chant des offices. 58
Leçon IXe. — Qualité des Modes. 59
    § Ier. De chaque Mode en particulier. 59
Leçon Xe. — Du premier Mode. 60
    § Ier. Des qualités du premier Mode. 61
Leçon XIe. — Du deuxième Mode. 63
    § Ier. Des qualités du second Mode. 64
Leçon XIIe. — Du troisième Mode. 67
    § Ier. Qualités du troisième Mode. 67
Leçon XIIIe. — Du quatrième Mode. 71
    § Ier. Qualités du quatrième Mode. 72
Leçon XIVe. — Du cinquième Mode. 74
    § Ier. Qualités du cinquième Mode. 75
Leçon XVe. — Du sixième Mode. 77
    § Ier. Qualités du sixième Mode. 78
Leçon XVIe. — Du septième Mode. 80
    § Ier. Qualités du septième Mode. 81
Leçon XVIIe. — Du huitième Mode. 82
    § Ier. Qualités du huitième Mode. 83

TROISIÈME PARTIE.

Leçon Ire. — Du Rhythme. 85
    §§ Ier Du Mouvement. 86
    II. De l'Expression. 86
Leçon IIe. — Des Matines et des Laudes. 87
    § Ier. Des Livres de chant. 88
Leçon IIIe. — De la Messe. 89
    § Ier. De la Procession. 89
Leçon IVe. — De l'Introït. 89
Leçon Ve. — Des *Kyrie eleison*. 93
Leçon VIe. — Du *Gloria in excelsis*. 95
Leçon VIIe. — Du Graduel. 96
Leçon VIIIe — De l'*Alleluia*. 99
Leçon IXe. — Du trait. 101
Leçon Xe. — Du *Credo*. 104
Leçon XIe. — De l'Offertoire. 107
Leçon XIIe — Du *Sanctus*. 110
Leçon XIIIe — De l'*Agnus Dei*. 111
Leçon XIVe — De la Communion. 113
Leçon XVe. De l'*Ite, Missa est*. 115
Leçon XVIe — Ordinaire de l'Office. 116
    §§ Ier. Chant du *Benedicamus Domino*, à la Procession. . . . 116
    II. Chant des Leçons avant ou pendant la Messe. 117

§§ III.	Chant divers pendant la Messe.			117
IV.	Répons de la Préface.			117
V.	Chant férial.			118
VI.	Répons du *Pater*.			118
VII.	Répons de *Pax Domini*.			118

Leçon XVIIe. — Chant du *Gloria Patri* à l'Introït, selon les différents modes. . 119
- §§ Ier. — — — 2e mode. 119
- II. — — — 3e — 119
- III. — — — 4e — 120
- IV. — — — 5e — 120
- V. — — — 6e — 120
- VI. — — — 7e — 120
- VII. — — — 8e — 121

Leçon XVIIIe. — Chant des *Ite, Missa est*, et *Benedicamus* de chaque temps. . 121
- §§ Ier. Aux doubles de 1re classe. 121
- II. Aux doubles de 2e classe *(les Fêtes de la Sainte Vierge exceptées)*. . 122
- III. Aux doubles de 2e classe *(les Fêtes de la Sainte Vierge exceptées)*. . 122
- §§ IV. Aux Fêtes de la Sainte Vierge *(doubles de 2e classe et doubles-majeures)* 122
- V. Aux Fêtes doubles-majeures *(les Fêtes de la Sainte Vierge exceptées)*. 122
- VI. Aux Fêtes doubles *(hors le Temps Pascal, et les Fêtes de la Sainte Vierge exceptées)*. 123
- §§ VII. Aux Fêtes doubles *(hors le Temps Pascal et les Fêtes de la Sainte Vierge exceptées)* 123
- VIII. Au Temps Pascal *(fêtes doubles et dimanches)*. 123
- IX. Aux Dimanches ordinaires *(hors le Temps Pascal)*. 123
- X. Aux Dimanches de l'Avent, et depuis la Septuagésime jusqu'au 4e Dimanche de Carême. 124
- §§ XI. Aux Dimanches de la Passion et des Rameaux. 124
- XII. Aux Messes du Saint Sacrement *(doubles et semi-doubles)*. . . 124
- XIII. Aux Messes de la Sainte Vierge *(doubles et semi-doubles)*. . . 124
- XIV. Aux Semidoubles et aux Simples *(excepté aux messes du saint Sacrement et de la Sainte Vierge)*. 125
- XV. Aux Féries. 125
- XVI. Messe *ad libitum* pour les Fêtes solennelles. 125
- XVII. Pour les Défunts. 125

Leçon XIXe. — De la prononciation du latin telle qu'elle est usitée en France. . 126
- §§ Ier. Des Voyelles. 126
- II. Des Consonnes. 127
- III. Accentuation. 129
- IV. Exercices de Lecture sur les règles données ci-dessus. . . . 129
- V. Autres Exercices de Lectures sur les mêmes règles. 133

Leçon XXe. — De la Psalmodie. 135
- §§ Ier. Du Chant des psaumes. 136
- II. De l'Intonation. 136
- III. De la Médiation. 138
- IV. De la Terminaison. 138

Leçon XXIe. — De la Quantité psalmodique. 140
- §§ Ier. Résumé des deux Leçons précédentes. 141
- II. Chant du commencement de l'Office. 144
- III. Chant Festival. 144
- IV. Chant Férial. 145

Leçon XXIIe. — Tableau des Intonations, Dominantes, Médiations et Terminaisons des *Psaumes* et *Cantiques*, pour les huit modes du nouveau Plain-Chant. 145
- §§ Ier. — — 1er mode. 145
- II. — — 2e — 146
- III. — — 3e — 147
- IV. — — 4e — 147
- V. — — 5e — 148
- VI. — — 6e — 149
- VII. — — 7e — 149
- VIII. — — 8e — 150

Leçon XXIIIe. — Des Antiennes 150

Leçon XXIVe. — Du ton du Chœur 153

§§ Iᵉʳ.	De l'Unisson.			154
II.	Manière d'élever les Antiennes.			156
III.	Tenue et Pause dans la psalmodie.			159
IV.	Nº 338. — Accord dans la psalmodie.			160
V.	Psaumes et Cantiques des *Vêpres* et des *Complies* du dimanche.			161

LEÇON XXVᵉ. — Des Répons. 166

§§ Iᵉʳ.	Chant du *Gloria Patri* à la fin des Répons, des Processions et autres, selon les différents Modes. 1ᵉʳ mode.			168
II.	—	—	2ᵉ —	168
III.	—	—	3ᵉ —	168
IV.	—	—	4ᵉ —	168
V.	—	—	5ᵉ —	169
V bis.	—	—	5ᵉ mode, avec *bémol*.	169
VI.	—	—	6ᵉ —	169
VII.	—	—	7ᵉ —	169
VIII.	—	—	8ᵉ —	170

Intonation des *Gloria in excelsis* et *Credo* selon les différentes solennités 170

§§ Iᵉʳ. Aux Doubles de 1ʳᵉ classe. 170
II. Aux Doubles de 2ᵉ classe 170
III. Aux Doubles de 2ᵉ classe *(les Fêtes de la Sainte Vierge exceptées)*. 171
IV. Aux Doubles de 2ᵉ classe *(les Fêtes de la Sainte Vierge exceptées)*. 171
V. Aux Fêtes de la Sainte Vierge *(doubles de 2ᵉ classe et doubles-majeures)*. 171
VI. Aux Fêtes Doubles-Majeures *(les Fêtes de la Sainte Vierge exceptées)*. 172
VII. Aux Fêtes Doubles *(hors le Temps Pascal, et les Fêtes de la Sainte Vierge exceptées)*. 172
VIII. Aux Fêtes Doubles *(hors le Temps Pascal, et les Fêtes de la Sainte Vierge exceptées)*. 172
IX. Au temps Pascal *(fêtes doubles et Dimanches)*. 173
X. Aux Dimanches ordinaires *(hors le Temps Pascal)*. . . . 173
XI. Aux Dimanches de l'Avent, et depuis la Septuagésime jusqu'au 4ᵉ Dimanche de Carême. 173
XII. Aux Dimanches de la Passion et des Rameaux 173
XIII. Aux Messes du Saint-Sacrement *(doubles et semi-doubles)*. 174
XIV. Aux Messes de la Sainte Vierge *(doubles et semi-doubles)*. 174
XV. Aux Semi-Doubles et aux Simples *(excepté aux Messes du saint Sacrement et de la Sainte Vierge)*. 174
XVI. Messe *ad libitum* pour les Fêtes Solennelles. 174
XVII. Credo *ad libitum* pour les Fêtes Solennelles. 175

LEÇON XXVIᵉ. — Des Proses et des Hymnes 175
§§ Iᵉʳ. Des Hymnes en particulier. 180
II. Des Mémoires. 185
III. Chant du *Benedicamus Domino*, à Vêpres et à Laudes. . 185
IV. Aux Fêtes Doubles de 2ᵉ classe *(les Fêtes de la Sainte Vierge exceptées)*. 186
V. Aux Fêtes de la Sainte Vierge *(deuxième Classe et doubles-majeures)*. 186
VI. Aux Fêtes Doubles-majeures *(fêtes de la Sainte Vierge exceptées)*. 186
VII. Aux Fêtes Doubles, aux Dimanches et aux Semi-Doubles *(Temps Pascal excepté)* 187
VIII. Aux Dimanches et Fêtes doubles du temps Pascal 187
IX. Aux Dimanches de l'Avent et du Carême 187
X. Aux Simples et aux Féries. 188
XI. Chant des Versets. 188
XII. Versets des Mémoires, des Antiennes à la Sainte Vierge, de la Bénédiction, etc. 188
XIII. Versets de la fin de l'Office. 189

LEÇON XXVIIᵉ. — Des Complies. 189
§§ Iᵉʳ. Des Répons brefs. 191
II. Fin des Complies. 193
III. Exemple d'une Antienne au saint Sacrement. 199
IV. Exemple d'une Prose à la Sainte Vierge. 200
V. Exemple d'une Hymne à la Sainte Vierge. 201

§§ VI. Prière pour le Souverain 202
    VII. Après la Bénédiction. 202
    VIII. Miserere. 204
    IX. Parce 206
    X. O salutaris. 206
    XI. Angelus. 207
    XII. Les commandements. 208

Leçon XXVIIIe. — De l'Invitatoire. 210
Leçon XXIXe. — De l'accompagnement du Plain-Chant 213
Leçon XXXe. — Du Métronome. 215

Psaumes.

119. Ad Dominum.	. . .	133
111. Beatus vir.	. . .	162
115. Credidi propter.	. . .	130
4. Cum invocarem.	. . .	164
110. Confitebor.	. . .	162
45. Deus noster refugium.	. . .	131
140. Dirigatur.	. . .	109
109. Dixit Dominus.	. . .	161
138. Domine, probasti.	. . .	130
19. Domine, salvum.	. 115 et	202
133. Ecce nunc.	. . .	166
125. In convertendo.	. . .	130
113. In exitu Israel.	. . .	163
30. In te, Domine.	. . .	165
121. Lætatus sum.	. . .	135
116. Laudate Dominum.	129, 139, 203 et	204
112. Laudate, pueri.	. . .	162
147. Lauda, Jerusalem.	. . .	134
120. Levavi.	. . .	132
131. Memento.	. . .	132
50. Miserere.	. . .	204
126. Nisi Dominus.	. . .	133
115. Quid retribuam.	. 112 et	113
90. Qui habitat.	. . .	165

Proses.

Deus, Patris Unice. 80
Inviolata 200
Lauda Sion 170

Hymnes.

Ad Regias Agni dapes.	. 184
Audi, benigne Conditor.	. 183
Lucis Creator optime.	. 154 et 180
Monstra te esse matrem.	. 182
O Crux, ave.	. 183
O filii.	. 184
O salutaris Hostia.	. 111
O salutaris Hostia.	. 182
O salutaris Hostia.	. 206
O salutaris Hostia.	. 207
Pange, lingua.	. 180
Sacris solemniis.	. 181
Stabat mater.	. 183
Te lucis.	. 134
Veni, Creator spiritus.	. 184
Virgo Dei Genitrix.	. 201

Antiennes.

Adoremus.	. 203
Alma Redemptoris.	. 194
Ave, Regina cœlorum.	. 194
Ave, verum.	. 199
Deus omnium.	. 153
Laudate Dominum.	. 202
Miserere mihi.	. 158 et 159
Placebo Domino.	. 151
Regina cœli.	. 195
Salva nos.	. 159
Salve, Regina.	. 196, 197 et 198
Sub tuum.	. 66

Cantiques.

Magnificat. 164
Nunc dimittis. 166
Te Deum laudamus. 68

Malgré les soins minutieux de l'auteur, la première édition d'un livre fait à la hâte renferme toujours quelques contre-sens et fautes typographiques ; mais les élèves pourront facilement en corriger quelques-unes au moyen de l'*Errata* suivant :

ERRATA.

Page 2, n° 4, ajoutez, dans la parenthèse ouverte, le n° 327.

Page 21, dernière ligne, au lieu de : (*b*) La *quarte mineure* et la *quinte majeure* sont inusitées ; lisez : la *quarte majeure* et la *quinte mineure* sont inusitées ; c'est le triton.

Page 41, dernière ligne, au lieu de : (222), lisez : (254).

Page 130, *Psaume* 115, ligne 4e, au lieu de : *excussu...* lisez : *excessu.*

Page 164, ligne 7e, au lieu de : *Nota*. Le ℣. d'après les *Hymnes* se chante comme le ℣. *Custodi nos...* lisez : comme le ℣. *Dirigatur*, ci-après, page 188, n° 383.

Page 166, n° 339, au lieu de : page 86 ; lisez : page 89.

Page 166, n° 339, au lieu de : n° 372 ; lisez : n° 389.

EN VENTE A LA MÊME LIBRAIRIE :

CONDUITE
POUR PASSER SAINTEMENT

LE TEMPS DE L'AVENT

CONTENANT POUR CHAQUE JOUR

Une Pratique, une Méditation, des Sentiments, des Sentences de l'Écriture sainte — des Saints Pères, et un point de l'Incarnation

Par le P. AVRILLON

Suivi des **Offices complets** depuis le premier Dimanche de l'Avent jusqu'à l'Epiphanie, en latin et en français, suivant le rit romain.

Prix : **1 fr. 25**, reliure anglaise.

NOUVEAU DIURNAL DE BAYEUX

Dans tous les formats

Avec des reliures riches et ordinaires.

BIBLIOTHÈQUE DE LA JEUNESSE CHRÉTIENNE

Collection format in-8°.—Prix. . . . **2 fr. 25** c.
Ornés de magnifiques gravures sur acier et sur bois.

Collection format in-12.
Chaque volume est orné de 6 belles gravures sur acier.

Collection format in-18.—Prix . . . » fr. **50** c.
Chaque volume est orné d'une gravure sur acier.

BIBLIOTHÈQUE DES ÉCOLES CHRÉTIENNES

Collection format in-8°.—Prix. . . . 2 fr. **25** c.
Chaque volume est orné d'une gravure sur acier.

Collection format in-12.—Prix . . . » fr. **75** c.
Chaque volume est orné de deux gravures sur acier.

Collection format in-18.—Prix . . . » fr. **30** c.
Chaque volume est orné d'une gravure sur acier.

www.ingramcontent.com/pod-product-compliance
Lightning Source LLC
Chambersburg PA
CBHW070644170426
43200CB00010B/2116